VOYAGE D'ITALIE,

OU

RECUEIL DE NOTES

Sur les Ouvrages de Peinture & de Sculpture, qu'on voit dans les principales villes d'Italie.

Par M. COCHIN, Chevalier de l'Ordre de Saint Michel, Graveur du Roi, Garde des Desseins du Cabinet de S. M. Secretaire de l'Académie Royale de Peinture & de Sculpture, & Censeur Royal.

TOME TROISIEME.

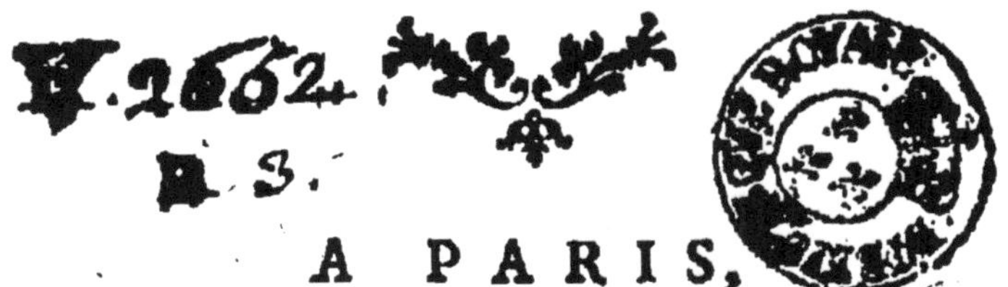

A PARIS,

Chez CH. ANT. JOMBERT, Imprimeur-Libraire du Roi, pour l'Artillerie & le Génie, rue Dauphine.

―――――――――――――

M. DCC. LVIII.

T A B L E .

des Villes dont on traite dans ce troisieme Volume.

CINQUIEME PARTIE.

VENISE.

SIXIEME PARTIE.

VOYAGE D'ITALIE.

CINQUIEME PARTIE.

VENISE.

Cette ville eſt diviſée en ſix quartiers, nom-
més Sestieri.

SESTIERE DI S. MARCO.

Chiesa ducale di S. Marco. On voit au portail de cette cathédrale quatre chevaux antiques,
de bronze, qui ſont très-beaux. Cette égliſe eſt
très-ancienne, grande & fort riche. Tout y eſt
revêtu de moſaïque, ou dorée, ou repréſentant
des tableaux. Le pavé en eſt fort riche, à petits

compartimens de marbre, de diverfes couleurs. Les murs en font revêtus de marbre de Grece, rayé; ce qui les rend, au premier coup d'œil, femblables à l'étoffe qu'on nomme *Siamoife*. Les voûtes ou coupoles de mofaïque dorée, préfentent l'idée d'une églife doublée de cuivre. Le portail eft en général d'affez belle proportion : cependant l'effet en eft petit, parce qu'il a deux petits ordres l'un fur l'autre dans la hauteur, qui feroit bien mieux décorée, par rapport à l'ouverture des portes, s'il n'y en avoit qu'un feul. Elle eft couronnée de plufieurs dômes trop près les uns des autres ; ce qui produit un effet affez défagréable. Les colonnes dont elle eft ornée, font de marbres de toutes fortes d'efpeces, & un affemblage de reftes antiques, qu'on y a employés. On ne parle point des peintures de l'églife, & du portail ; elles font toutes en mofaïque, & cet art n'eft prefque toujours qu'une imitation groffiere de la peinture, qui n'en conferve que l'effet & le ton général, fans avoir les mêmes fineffes, ni les mêmes agrémens, à peu-près comme l'imitation que donnent nos tapifferies. Il y en a plufieurs dont la compofition eft belle & de bonne maniere, qui viennent d'après de bons peintres ; quelques-unes auffi, dont la couleur eft vive & piquante.

PALAIS DE S. MARC, ou DUCAL. En entrant

par la grande porte, dite *della Carta*, dans la premiere chambre, on voit un plafond, où est représenté la Justice qui présente l'épée & la balance au Doge *Girolamo Priuli :* il est de *Jacopo Robusti*, dit le *Tintoretto*, & n'est pas fort beau.

On y voit encore quelques tableaux d'appartement, entr'autres un Christ au jardin des olives (figures de grandeur demi-naturelle), par *Paolo Caliari Veronese* (1). Ce morceau est très-beau, bien peint, & d'une maniere très-large ; la couleur en est belle, variée des plus beaux tons, & très-vigoureuse. Ce tableau est noirci dans les fonds : mais les figures se voient fort bien.

Saint Jean l'Evangéliste (grandeur demi-naturelle), de *Francesco Bassano*, fort beau, d'une maniere ferme. Il n'a point ce grenu moëlleux, qui est ordinairement dans les tableaux de ce maître, & qui y fait souvent très-bien.

L'Ange qui éveille les bergers, par un des *Bassans*. Ce tableau est fort beau, & il n'est point noirci.

Sala delle quattro porte. Il y a un tableau représentant la Vierge, Sainte Marine, Saint Sé-

(1) Nous désignerons dorénavant ce maître célebre par le seul nom de *Paul Veronese*, sous lequel il est le plus universellement connu, & *Jacopo Robusti* sous le seul nom de *Tintoretto*.

baftien, un Ange jouant du luth, Saint Marc &
un Doge, de *Gio. Contarini*, d'une maniere affez
grande.

On en voit un autre repréfentant le Doge dans
le *Collegio*, qui donne audience à quelques Ambaffadeurs, par *Carletto Caliari Veronefe*: c'eft un
mauvais tableau.

La réception que firent le Doge & le Patriarche, fur le *Lido* (ou entrée de la mer), au Roi de
France Henri III. Ce tableau eft affez mauvais en
général: il eft cependant bien compofé; il y a de
grands grouppes bien liés & difpofés de maniere à
faire beaucoup d'effet: du refte l'effet & l'accord
en font gâtés, vraifemblablement par le temps;
les fonds remplis de petites figures, font très-bien
traités & touchés avec beaucoup d'efprit. Ce tableau
contient plufieurs portraits: le point de vue en eft
placé fort haut, par la néceffité de faire voir beaucoup de chofes.

Tout le plafond eft du *Tintoretto*.

Il y a quelques autres tableaux qui ne paroiffent
pas bien intéreffans. On en cite un du *Tiziano*,
repréfentant la Foi dans la Gloire, avec Saint
Marc & un Doge armé: on ne l'a point remarqué.

L'ANTI-CÓLLEGIO. On y voit un plafond à frefque, de *P. Veronefe*, repréfentant Venife fur un

trône, & quelques autres figures d'une compofition belle, noble, ingénieufe & de plafond. La
couleur en eft belle & très-fraîche : les ombres en
font cependant un peu rouges ; ce qui paroît devoir être attribué à l'effet de la frefque, ce maître
ayant ordinairement à huile fes ombres d'un gris
coloré, très-beau. Les têtes font belles & remplies de graces. Les camayeux font auffi de lui : on
les dit retouchés.

Quatre tableaux du *Tintoretto*, repréfentant
Vulcain avec les Ciclopes, Ariane & Bacchus,
Mercure & les trois Graces, Pallas chaffant Mars.
Ces tableaux font affez mauvais, fans efprit, ni
deffein, d'une maniere pefante & fatiguée. Ils
font trop finis, & ce maître n'eft excellent que
lorfqu'il fe livre à fon feu & à fa facilité.

L'Enlévement d'Europe, de *P. Veronefe* (figures de grandeur naturelle), tableau admirable &
bien confervé. Le grouppe en eft très-bien lié &
ingénieux ; les lumieres bien raffemblées. La couleur eft extrêmement belle pour la variété des tons
colorés ; l'effet en eft brillant & faillant. Les devants du tableau font réfletés, & la plus grande
force eft aux figures qui leur fervent de fond, intelligence peu commune. Le pinceau en eft admirable, facile & gras, laiffé avec une apparence
de négligence, qui forme parfaitement tous les

détails, foit des chairs, foit des étoffes ; celles-ci font fort riches & très-bien traitées. Le payfage eft d'une touche large, facile & excellente. Ce tableau eft rempli de graces. Le taureau leche les pieds d'Europe, idée agréable, qui a été répétée.

Un tableau repréfentant une Scene de campagne, de *Giacomo Baffano*. Il y a des parties admirables pour la beauté & la force de la couleur, la négligence fçavante du pinceau, & la vérité naïve, foit de la couleur, foit des caracteres de têtes.

REAL SALA DEL COLLEGIO. A gauche, le premier tableau eft de *Carletto Caliari*. On y voit Venife & quelques Vertus fur des nuages. Ce tableau eft parfaitement bien confervé ; le ciel même n'en eft point changé.

Une Statue de grifaille, du même.

Les ornemens de la cheminée font décorés de figures de camayeux, auffi par *P. Veronefe*.

Au deffus du trône eft un grand tableau, du même, repréfentant en haut Jéfus-Chrift, la Foi, la Juftice & plufieurs Anges ; en bas, on voit le Général *F. Veniero*, à genoux, & plufieurs figures de Pages & autres qui l'accompagnent. Ce tableau eft admirablement bien compofé ; il y a des grouppes beaux & ingénieux, des figures nobles & richement vétues, bien drapées & d'une exécution très-finie, fans que la facilité du *faire* en foit altérée. La couleur en eft admirable, & de la plus grande vérité : il y a une belle intelligence de lumiere. Les chairs traitées dans l'ombre, font d'un gris admirable, & l'on y découvre, en les regardant avec attention, une variété de tons prefqu'imperceptible & fine, mais auffi étendue que dans les lumieres ; ce qui n'empéche pas que l'ombre ne foit toute entiere d'une maffe fourde & grife. L'harmonie générale, & l'effet de lumiere, font admirables ; tous les détails en font d'une couleur belle & vive, & néanmoins le tout-enfemble eft doux & d'un bel accord ; les devants font traités de reflet. Les têtes font admirables & pleines de de graces. Ce n'eft point une nature qui tienne de la févérité de l'antique ; mais ce fort de belles têtes, vraies, & qui paroiffent les portraits de perfonnes très-belles. Les petits Pages font pleins de graces. En général les tableaux de ce maître font exécutés comme des portraits, & avec la plus grande vérité de détail ; très-bien deffinés, & la nature y eft faifie avec jufteffe & avec beaucoup d'efprit (1).

(1) Ce qu'on appelle ici Efprit, n'eft point ce qu'on entend communément par ce mot, c'eft à-dire des expreffions de têtes fines, ni cette connoiffance particuliere de l'hiftoire & du coftume, qui a fait nommer le Pouffin le peintre des gens d'efprit, expreffion abufive, & qui ne veut dire autre

Deux Satues de grifaille : *S. Giuſtina* & *S. Sebaſtiano*, de *P. Veroneſe.*

Quatre tableaux du *Tintoretto*, dont quelques-uns ſont fort bons.

Le premier de ces tableaux repréſente un Doge à genoux devant Jéſus-Chriſt, Saint Marc & quelques autres Saints.

Le ſecond eſt la Vierge, Saint Joſeph, Saint Marc, Saint Nicolas, Saint Antoine & un Doge.

Le troiſieme repréſente la Vierge & l'Enfant Jéſus épouſant Sainte Catherine, un Doge, Saint Marc, Saint François, la Prudence & la Tempérance.

Le quatrieme eſt encore une Vierge ſur un trône, avec l'Enfant Jéſus, Sainte Marine, quelques autres Saints & un Doge.

Trois plafonds de *P. Veroneſe.* Celui du côté du trône repréſente Veniſe accompagnée de la Juſtice & de la Paix : l'une portant l'épée, l'autre l'olive.

Celui du milieu, la Foi dans le ciel, & en bas, un Sacrifice.

Dans le troiſieme on voit Neptune & Mars,

choſe, ſinon qu'il a rempli plus que d'autres les demandes ſouvent nuiſibles des ſcavans en Latin ou en Grec. Ici c'eſt toute autre choſe : c'eſt cette aptitude à bien ſentir, & à bien repréſenter ce qui fait la vie de la nature.

avec plusieurs petits Amours, qui tiennent diverses armes & coquilles marines. Ces tableaux, surtout celui où est le Mars, sont excellemment bien composés, bien de plafond & de grand caractere; les figures sont grandes dans le tableau, & il y a des raccourcis d'un beau choix, Dans celui du milieu, la Foi n'est ni bien belle, ni bien de plafond. Ces tableaux ont été nettoyés, tellement que la vivacité des couleurs donne lieu de soupçonner qu'ils peuvent avoir été retouchés : il semble qu'il eût mieux valu laisser l'accord doux que le temps a mis sur ces tableaux. Ce brillant de couleur est une beauté, à cause de sa fraîcheur, & parce qu'on en apperçoit mieux l'agrément des tons : néanmoins il rend les tableaux trop pétillans.

Dans ce même plafond sont plusieurs camayeux verds, du même *P. Veronese*, qui sont à petites figures, & peuvent être d'une grande beauté : mais l'attention est trop fortement attirée par les tableaux colorés, pour pouvoir remarquer ceux-ci. D'ailleurs ils sont petits & fort éloignés de la vue.

SALA VECCHIA DEL PREGADI. On y voit un assez mauvais tableau du *Tintoretto*, représentant la Vierge, Saint Marc, Saint Louis, Saint Pierre, un Doge, & la place de Saint Marc dans le fond.

Un tableau fur la porte, repréfentant la Ligue de Cambrai. On y voit Venife avec la maffe, & le Doge avec un lion, qui s'avancent contre l'Europe fur un taureau ; deux Anges en l'air, affiftés de l'Abondance & de la Paix, donnent une couronne d'olive à la ville de Venife.

Jéfus-Chrift, le Doge avec Saint Marc : la Foi, la Juftice & la Paix s'embraffant. *Francefco Veniero* eft devant la ville de Venife, à laquelle plufieurs villes aportent leur tribut. Ces trois tableaux font de *Giacomo Palma*, & font très-beaux, d'une maniere grande & moëlleufe, belles formes de deffein, belle douceur & propreté de pinceau.

Un Chrift mort, foutenu par les Anges, Saint Antoine Abbé, Saint Jean Evangélifte, Saint Dominique, deux Sénateurs & quelques autres figures, du *Tintoretto*. Il y a de bonnes chofes dans ce tableau : mais le peintre n'a pas réuffi dans la compofition.

Un tableau entre les fenêtres, de *Marco di Tiziano*. On y voit la création d'un Patriarche, plufieurs Evêques & des Prêtres. Il y a quelques têtes d'affez bonne couleur, & d'un caractere affez romain.

Au deffus de la grande porte eft un tableau d'un Chrift, la Vierge, Saint Marc & quelques Anges;

en bas , deux *Sénateurs.* Ce tableau a des beautés de détail : mais il eſt mal compoſé.

Le premier plafond ovale, de *Marco di Tiziano,* repréſente la Monnoie, avec quelques autres figures qui tiennent des monnoies & des lingots : c'eſt un aſſez mauvais morceau.

Celui du milieu repréſente Veniſe dans les nues, avec pluſieurs Dieux, Néréïdes & Tritons, du *Tintoretto.* Il eſt mauvais, quoiqu'il y ait du génie, de la touche, & une couleur vive : le pinceau eſt grenu. Les autres tableaux ſont très-médiocres.

CHIESETTA DEL COLLEGIO. Il n'y a rien de remarquable dans cette égliſe, excepté un tableau des Pélerins d'Emmaüs, le Chriſt, l'Hôte & un petit Page , qu'on dit être du *Tiziano* , mais qui paroît n'être qu'une copie (1), quoiqu'il y ait des choſes aſſez belles pour donner lieu de croiré qu'elle eſt fort retouchée du maître.

Deux tableaux de l'école du *Tiziano :* l'un repréſentant Pharaon ſubmergé , & l'autre, un Chriſt & quelques Saints. Ces tableaux ont du mérite, de la vigueur & du grand.

____

(1) Il eſt le même que celui du Roi , à quelques changemens près : mais on le croit moins beau. Il ſe peut qu'ils ſoient tous deux originaux, que celui-ci ait été fait le premier, & que le *Titien* ſe ſoit plu à le recommencer lorſqu'il étoit dans ſa plus grande force.

Sur un efcalier près de là, on voit un Saint Chriftophe, plus grand que nature, & l'Enfant Jéfus fur fes épaules, peint à frefque par le *Tiziano Vecellio* (1). C'eft un morceau admirable, d'une couleur excellente, & prefqu'auffi vigoureux que l'huile. Le maniement du pinceau eft facile, haché de petites hachures, plein d'art & de goût. Les têtes font admirables ; le caractere du deffein eft auffi grand que les *Carraches*, bien articulé & fçavant.

Sala del Consiglio de' Dieci. Au deffus du tribunal on voit l'Adoration des Mages, d'*Antonio Alienfe*, bien compofé. Il y a quelques têtes affez belles.

A gauche on voit le Doge *Sebaftiano Ziani*, triomphant de Frédéric Barberouffe, rencontré par le Pape. Ce tableau eft de *Leandro Baffano*, qui s'y eft peint lui-même dans un de ceux qui portent le parafol. Il y a de fort belles chofes dans ce tableau, principalement quelques têtes.

Dans le plafond, l'ovale du milieu eft de *P. Veronefe*, & de fon plus beau. On y voit Jupiter qui foudroie quelques vices ; un Ange avec un livre écrit, repréfentant les arrêts du Confeil des dix. Ce morceau eft véritablement digne d'admi-

____

(1) Nous le défignerons dorénavant fous le feul nom du *Tiziano*.

ration, bien compofé de plafond, & d'une idée grande & terrible, d'une couleur admirable, & d'un grand effet. Les figures font d'un beau choix & d'un beau raccourci. Le caractere de deffein eft très-grand, quoique la maniere en foit un peu ronde. Les têtes font d'un grand & beau caractere. Il paroît dans la tête de Jupiter quelque imitation de celle du Laocoon antique : mais ce n'eft point une imitation fervile.

Les autres tableaux du plafond ont du mérite, furtout pour l'imagination.

Celui où eft un homme affis, le menton appuyé fur la main, & coëffé à la Perfienne, & une femme qui a les mains fur la poitrine, eft de *P. Veronefe*. Il eft admirablement bien compofé, d'un beau raccourci, & de très-grand caractere. Les autres font de *Zilotti*.

SALA DELLA BOSSOLA. Tout le plafond & les camayeux verds, qui y font peints, font de *P. Veronefe*. On voit dans le tableau du milieu Saint Marc, qui tient une couronne d'or ; deux enfans, dont l'un tient un livre ; le lion & quelques autres petits Anges, avec des figures repréfentant les Vertus théologales. Ce plafond eft de la plus grande beauté ; il y a des femmes debout, qui font d'un raccourci très-hardi & très-bien traité.

STANZA DEI CAPI DEL CONSIGLIO DE' DIECI.

Le plafond eſt diviſé en cinq parties, qui repréſentent diverſes allégories, faiſant alluſion à l'au-
torité de ce conſeil. Les meilleurs ſont, celui dans
le coin, près de la porte, de *Zilotti*, qui eſt bien
compoſé, & celui du milieu, qui repréſente un
Ange chaſſant pluſieurs vices, pluſieurs femmes &
autres figures qui offrent des préſens, par *P. Veroneſe*. Il paroît cependant foible pour être d'un tel
maître, & trop adouci : les têtes n'en ſont pas belles.

Trois tableaux de *Francesco Baſſano*. Le premier repréſentant Notre-Seigneur qui apparoît à
la Magdeleine, en jardinier.

Le ſecond, la Circoncifion.

Le troiſieme, Jéſus allant au calvaire. Ce dernier ſurtout eſt très-beau.

Un *Ecce Homo*, d'*Albert Durer*, où il y a du
mérite pour le temps.

Retrostanza de gl'Eccell. Capi. Les plafonds ſont du *Tintoretto*. Dans celui du milieu,
on voit un Repas & quelques autres figures. Dans
les autres, c'eſt la Juſtice, la Foi, la Force & la
Morale. Ils ſont aſſez bons, mais cependant un
peu peſans de maniere, & trop finis. La plus
grande force de ce maître eſt lorſqu'il s'aban-
donne à la chaleur de ſon génie, & qu'il broſſe
vîte.

Sale armate del Consiglio. On voit ſur la

porte de la salle un tableau de *Palma Vec-chio*, représentant la Vierge, la Magdeleine, Sainte Catherine, Saint Jean-Baptiste & un Sénateur à genoux. Les têtes sont belles & très-finies.

Dans le passage, entre le grand Conseil & la *Quarantia Civil vecchia*, on voit une Transfiguration, avec beaucoup d'autres figures, de *Domenico Tintoretto*. Il y est foible à son ordinaire.

Un autre tableau, représentant une Vierge & plusieurs Saints, du *Palma.*

CONSIGLIO DELLA QUARANTIA CIVIL VECCHIA. Un grand tableau de *Pietro Malombra*. C'est le Pere éternel sur un trône, dans la Gloire ; Venise, à qui plusieurs personnes présentent des mémoires ; Mercure, qui conduit des prisonniers, & autres figures. Il est bien composé, & a de bonnes têtes. Ce tableau est noir.

SALA DEL GRAND' CONSIGLIO. Le premier tableau, à droite du trône, est le Pape Alexandre troisieme, reconnu par le Doge *Sebaſtiano Ziani*: il est de *Carletto & Gabriello Caliari*, & n'est pas fort beau.

Le second tableau, par les mêmes, est le Pape qui s'abouche avec le Doge, pour envoyer des Ambassadeurs à Fréderic Barberousse. Il y a des têtes assez belles.

Le troifieme tableau, au deffus de la premiere fenêtre, eft le Pape, qui donne au Doge & à la République le cierge, par *Leandro Baffano*. Ce tableau a du mérite : mais il eft d'une couleur trop entiere. Les ombres n'en font point affez rompues, & paroiffent d'une couleur trop rouge.

Un tableau repréfentant les Ambaffadeurs de Venife devant l'Empereur Frédéric, du *Tintoretto*. Il eft beau, bien compofé : on y remarque beaucoup de facilité & de l'effet.

Un autre tableau de *Francefco Baffano*, repréfentant le Pape qui donne la maffe au Doge, à la rive de la place Saint Marc. Il eft un peu dur, & les lumieres font trop luifantes : il y a de bonnes têtes.

Le Combat naval de *Pirano*, par *Domenico Tintoretto*. Il n'y a point d'effet; rien n'y eft grouppé; les lumieres en font trop difperfées, & il y a une confufion de figures.

Le Pape, qui donne au Doge l'anneau pour époufer la mer, d'*Andrea Vicentino*. Il y a du génie : mais la couleur en eft maniérée.

Le Pape donnant la permiffion à Otton de traiter la paix avec fon pere, du *Palma*. Il eft admirable pour l'exécution, & de belle couleur; les têtes & les étoffes en font belles & parfaitement bien peintes; les lumieres font bien grouppées.

Le

Le Pape dans l'églife de Saint Marc ; l'Empereur Frédéric profterné , lui baifant les pieds, de *Federico Zuccaro* , fort fec, mais deffiné correctement. Les têtes font belles & fines, & il y a d'affez beaux tons de couleur.

Du côté gauche de la falle on voit le Doge & les Croifés s'engager par ferment pour l'entreprife de reprendre Conftantinople , de *Gio. di Chere di Lorena*. La couleur en eft rouge ; il n'y a point d'effet : les détails cependant en font traités d'une maniere affez large.

L'affaut par terre & par mer de la ville de *Zara*, d'*Andrea Vicentino*. Ce tableau eft foible & d'une maniere pefante , qui tient beaucoup de celle du *Palma*.

Les habitans de *Zara* , paroiffant avec la croix & les clefs de la ville devant le Doge , de *Domenico Tintoretto*. Il y a quelques figures bien peintes , & d'affez bonnes têtes : c'eft de fon plus beau.

Le Fils d'Alexandre Comnene , Empereur de Grece , fuyant fon pere , & paroiffant devant le Doge avec des lettres de créance. Ce tableau eft d'*Andrea Vicentino*. Il y a plufieurs bonnes têtes : il tient de la maniere des *Baffans*.

Affaut de Conftantinople par les Vénitiens & les Croifés , du *Palma* le jeune. Il y a du bon mais une grande confusion de figures, sans masses générales.

Seconde Prise de Conſtantinople, par les Véni-tiens & les Croiſés, de *Domenico Tintoretto.* Ce tableau eſt confus : il y a cependant ſur les devants du tableau des choſes bien peintes.

La Victoire remportée par *Andrea Contarini*, ſur les Génois, de *P. Veroneſe.* Ce tableau eſt bien compoſé & bien grouppé. Il y a de très-belles choſes dans le grouppe qui eſt à droite. Le reſte eſt plus foible.

Le Paradis, par le *Tintoretto.* Ce tabieau eſt une confuſion de figures, d'autant plus mal com-poſées, qu'elles ſont arrangées ſymmétriquement. Ce n'eſt point une belle choſe : il y a cependant des tournures particulieres de figures ingénieuſes, & quelques têtes aſſez belles, telles que celles du Chriſt & de la Vierge; d'ailleurs mauvais deſſein, mauvaiſe couleur & point d'effet.

Trois rangs de plafonds, de *P. Veroneſe.* La ville de *Scutari*, qui ſe défend des armes du Sul-tan Mahomet, avec le ſecours de Scanderberg. Ce tableau eſt très-beau, mais noirci.

Un tableau de *Franceſco Baſſano*, repréſentant la déroute des Ducs de Ferrare, à qui *Damiano Moro* brûle quelques tours de bois. Il eſt bien compoſé, bien grouppé & d'un grand effet.

Un autre tableau du *Tintoretto*, repréfentant le Prince de Ferrare, vaincu par *Vittorio Soranzo*. Ce morceau eſt d'une belle fureur de génie, & d'une maniere fort grande.

On en voit un autre du même *Tintoretto*, repréfentant la Victoire remportée par *Giacopo Marcello*, ſur les Arragonois. Il eſt plein de génie, & les raccourcis ſont des plus hardis. Les têtes ſont belles, ſurtout celle du général.

Un autre de *Francefco Baſſano* : il repréfente les Allemands battus par *Giorgio Cornaro* & *Bartolomeo d'Alviano*. Il eſt fort beau, très-bien compofé, bien grouppé, & les têtes ſont fort belles.

Le dernier tableau de ce rang eſt du *Palma :* le ſujet eſt la Prife de Padoue, par *Andrea Gritti* & *Francefco Diedo*, au moyen de la rufe des charriots de foin. Ce tableau eſt fort beau ; bien compofé & bien peint.

En commençant de la porte, à la droite du trône, & laiſſant le rang du milieu pour le dernier, on voit un tableau de *P. Veronefe*, repréfentant la Prife de Smirne, par *Pietro Mocenigo*.

Un tableau de *Francefco Baſſano*, repréfentant la Victoire obtenue par les Vénitiens contre *Filippo Maria Vifconti*.

Un autre du *Tintoretto :* c'eſt la Victoire

remportée par les Vénitiens , près du lac de *Garda.*

On en voit un autre du même *Tintoretto :* c'est *Brefcia* défendue par *Francefco Barbaro.*

Un tableau de *Francefco Baffano :* il repréfente la Déroute de *Vifconti ,* Duc de Milan, par les Capitaines de la République.

Le dernier, du *Palma ,* eft le Paffage du Pô , & la Prife de Crémone , par *Francefco Bembo.*

Dans le rang du milieu eft un grand tableau ovale , qui repréfente Venife perfonnifiée, fur un trône , couronnée par la Victoire. On voit fous fes pieds un éperon de galere , & quelques trophées d'armes ; quelques figures enchaînées , repréfentant les états, & les villes fubjuguées. Il eft du *Palma ;* bien compofé & deffiné de bonnes formes : cependant il n'eft point affez de plafond.

Le grand tableau du milieu eft du *Tintoretto :* il repréfente la Déeffe de la mer Adriatique, fur les nuées , avec Cibele , Thétis & plufieurs autres Divinités; le Doge & le Sénat fur des gradins ; des Ambaffadeurs & autres qui portent les privileges & les clefs des villes tributaires de la République. C'eft une très-belle machine de compofition , & il eft bien peint.

Un grand tableau ovale , de *P. Veronefe :* c'est un des plus admirables morceaux de ce grand maître. On y voit une Femme repréſentant Veniſe ſur les nuées; elle eſt couronnée par la Gloire, chantée par la Renommée, & accompagnée de l'Honneur, de la Paix, de l'Abondance & des Graces. On voit en bas une magnifique architecture, où ſont des Dames, des Nobles, des Cardinaux, des Evêques & des gens de toutes nations qui la regardent. On voit encore, au bas du même tableau, des guerriers à cheval avec des priſonniers, des trophées, des enſeignes, &c. C'eſt une des plus belles machines de compoſition qu'ait imaginé ce maître. Ses grouppes ſont compoſés de belles figures, qui ſemblent mouvantes, avec une belle action pleine de feu, mais ſans efforts extravagans; ce qu'on eſt ſouvent en droit de reprocher au *Tintoretto.* Les grouppes ſont bien pleins & bien enchaînés les uns aux autres; l'intelligence de la lumiere eſt admirable; les maſſes en ſont grandes : chaque choſe cependant y conſerve ſa couleur véritable, ſans interrompre la maſſe, ni détruire l'harmonie. Sur quoi il eſt à obſerver que beaucoup de maîtres ne conſervent leurs maſſes grandes qu'en affoibliſſant toutes les couleurs qui ſont dans la lumiere. *P. Veroneſe* ici a fait un choix de couleurs propres à ſon idée d'effet, & leur a conſervé toute leur vivacité, ſans détruire l'harmonie de ſon tableau : harmonie douce, &

où rien ne tranche. Les ombres portées en font fort étendues, & produisent le plus grand effet, sans être noires. Ce grand peintre a sçu observer que dans les ombres portées il reste une lumiere qui ne vient pas du jour principal, mais de tout le ciel, qui fait paroître des détails tendres dans ces ombres. Ce qui le rend plus admirable encore, c'est que ces parties ombrées conservent leurs demi-teintes colorées avec une variété presqu'aussi détaillée que les choses exposées au grand jour ; & c'est d'une maniere si imperceptible que la masse totale n'en est pas moins unie & grise, mais d'un gris coloré, qui est d'une grande beauté. On y apperçoit encore assez distinctement une connois-sance de l'effet de la lumiere qu'on voit rarement chez d'autres maîtres : c'est que les devants du tableau sont tendres & presque tout reflétés ; les touches mêmes n'en sont pas si fortes que les om-bres des objets qui sont derriere. Il est vrai que ces objets qui servent de fonds, & qui sont plus forts, n'en sont pas loin. C'est l'effet véritable de la na-ture : mais peu de peintres l'ont connu, ou du moins il en est peu qui aient eu assez de courage pour le pratiquer. Il faut avoir beaucoup de science dans le coloris & dans la magie du clair-obscur, pour entreprendre de tirer les devants sans force, & par la seule beauté de la couleur. La plûpart des têtes font de la plus grande beauté, d'une vérité & d'une couleur admirable. Ce tableau est noirci en beaucoup d'endroits; ce qui détruit un peu du grand effet qu'y devoit faire l'architecture : d'ailleurs elle paroît n'être pas assez de plafond.

Il y a encore dans le plafond de cette salle plusieurs petits morceaux en camayeux de différens bons maîtres : mais comme ils font fort noircis, ils intéressent peu, en comparaison des tableaux colorés.

CONSIGLIO DELLA QUARANTIA CIVIL NOVA. On y voit quelques tableaux, mais qui font peu dignes de remarque.

SALA DELLO SCROTINIO. La bataille des Dardanelles, de *Pietro Liberi* : c'est un mauvais tableau.

La prise & la démolition de la forteresse de *Margaritino*, de *Pietro Belotti* : ce morceau est assez mauvais.

La victoire gagnée fur les Turcs, le jour de Sainte Justine, d'*Andrea Vicentino*. Il est assez bien composé avec multitude, mais très-confus par le défaut de grandes masses de lumieres & d'ombres. Les grouppes de galeres font assez bien agencés.

La prise de *Cattaro*, par *Vittore Pisani*. Ce tableau eſt d'*Andrea Vicentino*; ſa maniere eſt molle, peſante & fondue. Il y paroît beaucoup d'imitation de celle du *Palma* le jeune.

Le combat à la priſe de *Zara*, du *Tintoretto*. Il eſt excellemment bien compoſé, & d'un génie furieux & plein de feu; la touche en eſt large & facile; les maſſes de lumieres ſont belles, grandes, bien liées & grouppées. Les grouppes de figures ſont pleins de génie; les ombres ſont grandes; ce qui donne à ce morceau un effet admirable. C'eſt une très-belle choſe: mais il eſt noirci.

Reprenant au commencement de la ſalle, on voit un tableau repréſentant le ſiege mis devant Veniſe par Pepin, fils de Charlemagne. Les Vé-nitiens le firent lever en jettant des pains dans ſon camp, pour faire croire qu'ils en avoient de reſte. Ce morceau eſt d'*Andrea Vicentino*: il eſt mol, peſant & mal deſſiné.

Le maſſacre que firent les Vénitiens de l'armée de Pepin, qui vouloit attaquer la ville avec des barques légeres, d'*Andrea Vicentino*. Ce tableau eſt meilleur; il y a du génie & des choſes peintes avec goût: il eſt fort dans la maniere du *Tintoretto*. Il paroît que ce peintre a peint tantôt dans la ma-niere du *Palma*, c'eſt-à-dire, fondu & arrondi, avec les demi-teintes fort brunes, tantôt dans celle du *Tintoretto*, dont les chairs ſont en général plus

claires & plus tendres, même dans les ombres.
Ce n'eſt pas que quelquefois le *Tintoretto* n'em-
ploie des ombres fort brunes, mais ſes demi-teintes ſont ordinairement très-belles ; ſon pinceau eſt
raboteux & grenu, & les choſes y ſont formées
comme par hazard. *Andrea Vicentino* l'a imité
dans ces choſes, & il eſt beaucoup meilleur dans
cette maniere, que lorſqu'il imite celle du *Palma.*

On voit enſuite un tableau de *Santo Peranda.*
Il repréſente le Calife d'Egypte, mis en déroute
par le Doge *Domenico Michiale*, & l'action de
Marco ſurnommé *Barbaro*, qui ayant perdu ſon
enſeigne, prit un Capitaine Sarrazin, fit une enſeigne de ſon turban ; & lui ayant coupé un bras,
en traça un cercle de ſang ſur cette enſeigne : elle
eſt demeurée pour armes dans cette maiſon, qui
en a pris le nom de *Barbaro*. Ce tableau montre
beaucoup de génie : mais il eſt mal grouppé, &
d'un pinceau trop peſant & trop fondu. La perſpective en eſt déſagréable en ce que l'horizon eſt
preſque tout au haut du tableau.

Près de la fenêtre on voit la priſe de Tyr, d'*Antonio Alienſe*. Ce tableau a de l'effet ; le fond eſt
vrai & de bonne couleur.

Au deſſus du tribunal eſt le Jugement univerſel,
du *Palma*, & de ſon plus-beau. Ce tableau eſt

excellent en détail, bien peint, bien deſſiné & de grand caractere, d'une maniere large & moël-leuſe, mais un peu peſante. Il manque d'effet, parce que les figures ne ſont pas aſſez grouppées ; ce qui produit des lumieres diſperſées, qui ne ſont point de grandes maſſes.

Dans le plafond de cette ſalle, l'ovale au deſſus du tribunal repréſente la priſe de la ville de Padoue, pendant la nuit. Ce tableau, noir par le ſujet, & encore noirci par le temps, paroît un peu dur, parce que les lumieres tranchent. Il eſt d'ailleurs d'une grande beauté, bien compoſé, très-ingé-nieuſement grouppé & de plafond. Ce qu'on en voit eſt d'une fort belle couleur, d'un pinceau gras & laiſſé, & bien traité d'effet de nuit : il eſt de *Franceſco Baſſano.*

Le plafond du milieu eſt quarré, & repréſente la priſe de la ville de Caffa, par *Giovanni Soranzo.* Ce tableau eſt de *Giulio dal Moro.* La compoſi-tion en eſt belle & remplie de feu : mais il eſt foible d'ailleurs.

A l'ovale ſuivant, dans le rang du milieu, on voit la victoire remportée par *Marco Gradenigo* & *Giacopo Dandolo,* dans le port de Drepane en Sicile.

Le quatrieme, de forme quarrée, repréſente la victoire des Vénitiens dans la ville d'*Acri :* il eſt de *Francefco Montemezzano*, bien compoſé, mais mauvais d'ailleurs.

Le dernier, de forme ovale, vers la porte de l'eſcalier, repréſente la défaite des Piſans dans le port de Rhodes, par les Vénitiens. Ce tableau eſt d'*Andrea Vicentino* : il eſt bien compoſé, bien peint & d'aſſez bon effet.

On y voit auſſi quelques plafonds en camayeux, & des figures particulieres, qui ne ſont pas ſans mérite : mais on n'en a point pris de note. Il y en a quelques autres colorés dans des formes triangulaires : ce ne ſont pas de fort excellentes choſes en général.

Cette ſalle, où s'aſſemble le Sénat, eſt d'une grandeur extraordinaire ; la plûpart des grands morceaux qui y ſont, repréſentant des batailles de mer, & des villes priſes d'aſſaut, paroiſſent confus & ſans effet ; ce qui ne vient pas toujours de la faute des auteurs. Ces ſujets ſont extrêmement difficiles & ingrats à traiter par eux-mêmes : d'ailleurs il eſt à préſumer qu'ils ont été dans l'obligation de contenter chacun des grands de la République, en faiſant voir diſtinctement chaque capitaine, ſa galere & les principaux de ceux qui étoient avec lui. Ces ſujétions demandent une multitude de figures qui cauſe preſque néceſſairement la confuſion, & il n'eſt guere poſſible, par ces raifons, que ces tableaux foient auffi beaux que d'autres de ces mêmes maîtres.

Il y a encore plufieurs falles dans ce palais, que l'on n'a point vues, mais dont les tableaux ne font point cités comme bons, & les noms de leurs auteurs ne font point célebres.

Nous ne pûmes point voir la librairie, parce que celui qui en avoit la clef étoit, difoit-on, en campagne : mais on croit plutôt qu'on a honte de la montrer aux étrangers, à caufe qu'elle manque de livres.

La defcription des peintures de Venife cite, dans le *Magiftrato delle Biade*, un plafond de *P. Veronefe*, repréfentant Venife, avec Hercules & Cérès.

Dans le *Magiftrato della Avogaria*, on voit un tableau du *Tintoretto*, repréfentant Saint Antoine, Saint Pierre, Saint Jérôme, avec le lion aîlé & quelques portraits.

On voit dans la petite églife de Saint Nicolas une Réfurrection, du *Tintoretto*.

Quatre Evangéliftes, du *Tiziano*, à frefque.

Une Vierge avec l'Enfant Jéfus, Saint Nicolas & un Doge, du même *Tiziano*.

Dans l'efcalier couvert, près de cette églife, on voit une Vierge avec l'Enfant Jéfus, & deux petits Anges, du *Tiziano*, à frefque. Ce tableau eft maltraité par le temps.

Dans la falle dite *Dello Scudo*, on voit une Réfurrection, du *Tintoretto*.

LE PROCURATIE & LIBRERIA DI SAN MARCO. Dans l'*Atrio* ou *Statuario della Libreria*, on voit au plafond du milieu une femme couronnée de lauriers, avec un enfant, du *Tiziano*.

Dans la librairie on voit un tableau du *Tintoretto* : c'eft l'Immortalité fur les nuées, avec plufieurs poëtes autour.

Plufieurs figures de philofophes, de *P. Veronefe*, du *Tintoretto*, du *Giorgione* & des *Baffans*.

Trois des plafonds font de *P. Veronefe*.

Trois autres d'*Andrea Schiavone*.

Il y a dans les chambres de procuration quantité de portraits du *Tintoretto*.

On en voit auffi quelques-uns de *P. Veronefe*, & un du *Tiziano*, &c.

L'architecture des procuraties & de la librairie eft fort belle ; elle a un ordre à chaque étage, avec de la fculpture fort faillante. Les fenêtres pratiquées dans la frife, n'y font point un mauvais effet, non plus que la fculpture dont elle eft ornée, laquelle, quoique faillante, y eft traitée avec caractere & avec goût.

EGLISES.

L'Ascension. Il y a dans cette églife un tableau de *Lazarini*, repréfentant Jéfus-Chrift qui entre dans Jérufalem.

Une Pifcine miraculeufe, du *Cavaliere Celefti*. Le plafond eft de *Sebaftiano Ricci*.

S. Geminiano. Petite églife dans la place de Saint Marc, dont on vante l'architeéture, qui cependant eft toute pleine de défauts & d'irrégularités. Les figures de Saints, peintes fur les portes de l'orgue, font de *P. Veronefe*, & font fort belles, d'une couleur forte & de grand caraétere, mais noircies.

Le tableau du côté gauche, en entrant par la grande porte, repréfente Sainte Catherine & un Ange qui lui annonce fon martyre : il eft du *Tintoretto*, & n'eft pas beau.

Aux deux côtés de l'autel principal, on voit une Annonciation, de l'école de *P. Veronefe*. La Vierge eft fort belle, & tient beaucoup de lui.

Dans la chapelle *di Chrifto*, on voit un Chrift mort entre les bras de la Vierge, d'*Antonio Baleftra*. Ce tableau eft d'une maniere grande & large, deffiné de bonnes formes. La compofition eft de peu de figures, mais grandes dans le tableau.

Un tableau repréfentant Lazare reffufcité, de *Girolamo Brufaferro*. Sa maniere eft bonne & large, mais un peu trop adoucie.

Un autre repréfentant l'Aveugle-né, de *Gregorio Lazarini* (prefque moderne). Le ton général eft de bonne école ; mais ce peintre eft peu fçavant dans l'art.

La Femme adultere, de *G. Brufaferro* : il eft plus foible que l'autre.

La mort de Saint Jofeph, d'*Antonio Pellegrini*. Il eft de bonne maniere, mais trop peu rendu : en croyant faire les maffes de lumieres grandes, il les a fait vuides.

Dans le plafond du milieu on voit la Réfurrection de Jéfus-Chrift, de *Sebaftiano Ricci*. Ce tableau eft en général foible pour être de ce maître: il y a cependant de belles chofes. La couleur eft un peu fale, & manque de fraîcheur dans les lumieres : mais le gris des ombres eft excellent. Il tient quelque chofe de la maniere du *Giordano*. Le Chrift n'eft point beau.

S. Moïse. Dans la chapelle du Saint-Sacrement on voit un grand tableau repréfentant le Lavement des pieds, par le *Tintoretto*. La compofition en eft difperfée, & l'horizon fort haut : d'ailleurs il eft fort noirci. Le principal fujet eft trop dans le fond. Il y a de fort bonnes chofes.

Vis-à-vis on voit une Cene, du *Palma.* Ce tableau est de grande compofition, fort bien agencé, d'excellent ton, d'une fort bonne couleur, & il y a de très-belles têtes.

Dans le fanctuaire il y a un tableau repréfentant le Serpent d'airain, d'*Antonio Pellegrini* : il eft fort beau. C'eft une grande & belle machine de compofition, d'une belle & large maniere. Les maffes de lumieres font trop plates. Ce morceau eft bien deffiné : le payfage en eft fort beau.

Dans la chapelle, à gauche du fanctuaire, on voit la Vierge & l'Enfant Jéfus, du *Tintoretto.* Ce tableau paroît avoir été beau : mais il eft préfentement fort noirci par le temps.

Près la porte de la facriftie eft un tableau, où eft repréfentée l'Invention de la Sainte Croix, par Sainte Hélene : il eft du *Cavaliere Liberi*, d'affez bon ton & d'affez bonnes formes, mais doucereux, mol & fondu à l'excès.

L'Adoration des Mages, du *Cav. Diamantino.* Il y a dans ce tableau un bon ton, de la fermeté, & le goût de l'école.

A côté de l'orgue eft le Crucifiement, par *Girolamo Brufaferro.* Il y a du génie & de la fermeté.

Au plafond on voit Moïfe & le Pere éternel. Il eft des commencemens du *Cav. Bambini* : d'ailleurs il eft bien compofé.   S. MARIA

S. Maria Giubenicco. Le premier tableau à gauche, en entrant dans l'église, repréſente la Vierge en haut, & Saint Antoine ; en bas, le Martyre d'un Saint, d'*Antonio Zanchi.* Il eſt d'un bon ton & de bon caractere. Le groupe d'en haut a des graces, & eſt de belle couleur. La tête de Vierge eſt belle.

On voit un autre tableau repréſentant le Sauveur en haut ; en bas, Saint Juſtin & Saint François de Paule, du *Tintoretto.* Il eſt de bon ton de couleur ; quelques-unes des têtes ſont aſſez belles. Les draperies ſont peintes d'une maniere fort barboteuſe.

La Viſitation de Sainte Éliſabeth, du *Palma.* Ce tableau eſt fort beau ; la maniere cependant en eſt peſante, ronde & trop fondue. Ce maître eſt communément plus jaune que les autres de l'Ecole Vénitienne.

Un tableau du martyre d'un Saint, & en haut la Vierge, de *Carlo Loth.* Il eſt beau, d'un *faire* facile, & d'un caractere grand ; la compoſition en eſt ingénieuſe & bien traitée de raccourci ; les têtes ſont belles ; ſurtout celles de la Vierge & du Prêtre des idoles ; les ombres ſont d'un beau gris, mais les demi-teintes ſont un peu trop griſes.

Un autre tableau, repréſentant la Converſion de Saint Paul. La compoſition en eſt des plus extravagantes par l'excès du feu de l'imagination. Il eſt du *Tintoretto*, & eſt peint avec plus de netteté qu'il n'eſt ordinaire à ce maître.

Il y a des plafonds d'une maniere aſſez large, mais d'une couleur fauſſe & fort rouſſe.

S. MAURIZIO. Tous les tableaux de cette égliſe ſont très-médiocres. Les plafonds de la grande nef paroiſſent avoir quelque grandeur de caractere : mais ils ſont très-noirs, & on ne les voit qu'à peine.

S. VITALE, dit S. VIDAL. On y voit un tableau, où eſt repréſenté Jéſus-Chriſt au jardin des olives, de *Giovan. Batiſta Mariotti.* Il y a quelque agré-ment dans la couleur : mais il eſt foible d'ail-leurs.

L'Ange Raphaël & quelques Saints, de *Gio. Batta. Piazzetta.*

L'Aſcenſion de Jéſus-Chriſt, de l'*Alienſe.* Ce tableau eſt aſſez beau : mais il y a trop de fougue, & la compoſition en eſt extravagante.

Un Chriſt en croix, & pluſieurs Saints, de *Giulia Lama.* Il eſt mal deſſiné, faux de couleur, & d'une maniere tranchée. La façon de peindre en eſt aſſez bonne, & il y a quelques tons agréa-bles. On y voit auſſi pluſieurs têtes fort gracieu-ſes.

Un tableau, où l'on voit Saint Sébaſtien &

Saint Roch, d'*Angelo Trevifani*. La couleur en
eft un peu maniérée ; le *faire* en eft beau ; l'effet
de lumiere bon : cependant un peu trop dans l'effet
de la lumiere d'une lanterne.

La Conception de la Vierge, de *Sebaftiano
Ricci.*

Dans la facriftie on voit un grand morceau de
Pellegrini : il tient de la maniere de *Luca Giordano.* Le *faire* en eft bon, & le pinceau large ;
les étoffes font d'une couleur un peu trop belle.

Il y a quelques autres tableaux modernes, qui
ont du mérite.

S. STEPHANO. *Padri Auguftiniani.* On y voit
la mort de la Vierge & les Apôtres, de *Gio. Batta
Lorenzetti.* Ce tableau eft d'une maniere grande,
mais trop ronde, & incorrect.

Dans la facriftie il y a un tableau repréfentant
le martyre de Saint Etienne, de *Santo Peranda.*
Il y a de bonnes chofes ; la compofition en eft
bonne, & il y a de l'effet.

Le cloître eft peint, à l'extérieur, à frefque par
le *Pordenone.* Ces peintures font prefque toutes
effacées. Il ne paroît pas, par ce qui en refte, que
ç'ait été quelque chofe de bien merveilleux : cependant la maniere & la compofition ont de la
grandeur.

S. LUCA. Le tableau du maître-autel repréfente

la Vierge en haut, avec l'Enfant Jéfus & quelques Anges ; en bas, Saint Luc affis fur fon bœuf, regardant la Vierge. Près de lui eft un portrait de la Vierge, qu'il eft fuppofé avoir peint. Ce tableau eft d'une grande beauté ; il eft bien confervé dans fon accord général, quoique fort noirci. Comme il eft dans une chapelle obfcure, on ne le voit pas bien : cependant on apperçoit qu'il eft admirablement bien compofé, d'une couleur harmonieufe & très-belle, d'une exécution trèsfoignée, & excellemment bien peint : il eft de *P. Veronefe.*

Il y a de belles chofes dans le tableau qui eft à l'autel, placé à la droite du maître-autel ; la tête de femme furtout eft belle & gracieufe : on ignore de qui il eft.

S. Salvatore. Les portes de l'orgue font peintes par *Francefco Vecellio*, frere du *Tiziano.* Au dehors, d'un côté, on voit Saint Auguftin qui lit, & quelques Chanoines. De l'autre côté, Saint Théodore, avec un petit Ange. Au dedans, d'une part, la Réfurrection ; & de l'autre, l'Afcenfion. Ils ne paroiffent que médiocres : au refte on les voit de trop loin pour pouvoir en porter un jugement bien folide.

Sur le baptiftere on voit le Baptême de Jéfus-Chrift, de *Nicolo Renieri.* Ce tableau eft d'un affez bon ton , cependant un peu trop plat : il eft d'ailleurs bien deffiné , mais fec, & il a peu de nobleffe.

Le tableau qui fuit , repréfente Saint Laurent , Saint Jacques, Sainte Anne & Saint François de Sales , de *Girolamo Brufaferro*. Il eft de bon ton, de maniere petite , trop plat, affez bon de deffein: mais dans beaucoup d'endroits il eft incorrect , & généralement peu élégant.

Dans la chapelle *del Santiffimo* , on voit un tableau de *Gio. Bellino* , repréfentant les Pélerins d'Emmaüs. Il y a de très-bonnes chofes; le ton du tout-enfemble eft très-bon. Les ombres portées ne font pas affez fourdes ; ce qui empêche l'effet.

Au maître-autel on voit une Transfiguration de Jéfus-Chrift , du *Tiziano*. Il y a une grande fureur de génie. Ce tableau eft très-noirci , & ne paroît guere que comme une grifaille de couleur biftrée. Les Apôtres qui font fur le devant , font des coloffes.

A un autel, du côté droit de l'églife, on voit une Annonciation, du *Tiziano*. Ce tableau a de grandes beautés, quant aux demi-teintes, qui font d'excellente couleur , & à la hardieffe du pinceau, qui eft de maître : mais les têtes n'en font pas fort belles. Les draperies font mal formées ; la

Gloire d'enfans n'eſt point belle: c'eſt un ouvrage de la vieilleſſe de ce maître, qui eſt peu fini, mais qui conſerve un grand feu dans la façon de peindre.

Le Livre annonce un tableau, de *Luca Giordano* : c'eſt la Vierge priant Jéſus-Chriſt pour les ames du purgatoire. On ne ſe ſouvient pas de l'y avoir vu : il n'y eſt peut-être plus.

S. Maria della consolatione, dite della Fava. Au deuxieme autel, à gauche, on voit la Vierge & l'Enfant Jéſus ſur des nuages, Saint Philippe de Néri, à genoux devant l'autel, de *Giovanni Baptiſta Piazzetta*, peintre moderne. Ce tableau eſt d'un pinceau large, d'une maniere ferme : il a des graces ; mais il eſt d'une couleur très-rouſſe & très-maniérée.

Au premier autel, à droite, eſt un tableau repréſentant Sainte Anne qui fait lire la Vierge enfant, & Saint Joachim à ſes côtés. Ce morceau eſt de la couleur la plus agréable, quoiqu'un peu maniérée, d'un pinceau moëlleux, facile & léger. Les têtes, ſurtout la Vierge & quelques Chérubins, ont beaucoup de graces. Ce morceau eſt deſſiné avec un grand goût, quoiqu'un peu incorrect & maniéré dans les formes ; il eſt de *Giovanni Baptiſta Tiepolo*, peintre moderne.

FONDACO DE' TEDESCHI. Les dehors de ce bâtiment, & le dedans de la cour, étoient tout peints à frefque par le *Tiziano* & le *Giorgione* : mais maintenant cela eft tout effacé.

Dans la falle à manger d'été, qui eft au premier étage, on voit quelques tableaux fort noircis ; il y en a un où eft repréfenté Jéfus-Chrift, demi-figure, du *Tiziano*.

Aux deux côtés font deux tableaux de *P. Veronefe*, de grandeur naturelle.

Dans le même lieu on voit plufieurs autres tableaux du même maître, repréfentant des Divinités anciennes, avec des fymboles allégoriques. Ils font d'une grande beauté ; les têtes en font belles, bien peintes, & d'une couleur charmante. On en voit encore la beauté en quelques endroits, quoiqu'ils foient fort noircis. Ce font des grouppes de deux ou trois figures très-ingénieufement compofés.

Vénus fur un char, avec quelques femmes nues, du *Palma.*

Diane fur un char, fuivie par les heures, du *Tintoretto.*

S. GIULIANO. Dans la chapelle *del Santiffimo* on voit un tableau repréfentant la Cene, de *P. Veronefe.*

Dans le fanctuaire il y a deux tableaux aux côtés : l'un repréſentant le Martyre de Saint *Giu-liano*, & l'autre un Miracle ; d'*Ant. Zanchi.* Ils paroiſſent deſſinés de grand caractere ; la compoſition en eſt belle : mais ils ſont ſi noircis qu'on n'y voit preſque rien.

Au deſſus de la porte on voit un Saint Jérôme, de *Leandro Baſſano.* Ce tableau eſt beau & de fort bon ton : il y a une jambe du Saint qui eſt trop courte.

Un Chriſt mort, dans une Gloire ; en bas, Saint Jérôme, Saint Marc & Saint Jacques, de *P. Ve-roneſe.* Ce tableau eſt fort beau ; il y a quelques belles têtes, & des draperies bien peintes : mais il eſt ſi noirci qu'on n'y voit preſque rien.

Tous les tableaux de cette égliſe, qui eſt peinte preſque partout, paroiſſent avoir été beaux : mais ils ſont ſi noirs, & l'égliſe eſt ſi obſcure qu'on ne les voit point.

SESTIERE DI CASTELLO.

S. Pietro di Castello. Dans cette égliſe pa-triarchale, à gauche, on voit le Martyre de Saint Jean, Evêque, du *Padouanino.* Ce tableau eſt mauvais.

Un tableau de la Vierge, & les Ames du pur-gatoire, de *Luca Giordano.* Il eſt aſſez foible, tout doucereux & fondu, d'une couleur maniérée, orangée & verdâtre. Les petits enfans font bien deffinés & peints de chair. Il y a une tête de vieillard fort belle.

Au côté droit du fanctuaire on voit S. *Lorenzo Giuftiniani*, qui fait l'aumône aux pauvres, de *Gregorio Lazarini*, peintre mort depuis peu d'années. Ce tableau eft d'une affez bonne compofition, mais froide. Il y a des chofes affez bien deffinées : c'eft ordinairement un peintre fort médiocre.

Du côté gauche eft le Doge priant avec les Sénateurs, d'*Antonio Bellucci*. Il y a quelque compofition : mais ce tableau eft faux de couleur.

La Coupole du fanctuaire, de *Girolamo Pellegrini*. On y voit Saint *Giuftiniani*, dans la Gloire. Ce tableau eft mauvais, & d'une couleur olive partout.

Dans la chapelle *del Santiffimo*, à gauche, eft le Serpent d'airain, du *Cavaliere Liberi*. Il y a quelque chofe d'affez grand dans la maniere : mais la couleur en eft fauffe & maniérée ; les ombres font d'un rouge jaunâtre, & les chairs rouges. Le fecond plan eft tout gris.

La Vierge, Saint Matthieu, Saint François & Sainte Hélene, de *Francefco Rufchi*. Il y a de mauvaifes têtes & un mauvais ton de couleur : cependant les ajuftemens & les draperies font affez bien formées.

Un tableau des derniers temps, de *P. Veronese:* c'est *Saint Pierre*, *Saint Paul*, *Saint Jean* l'Evangéliste, & un Ange en l'air. Il est assez médiocre; le *Saint Jean* est mal; la tête de *Saint Pierre* est belle; celle de *Saint Paul* assez bonne, & les pieds sont bien : tout le reste est bien foible.

S. DANIELE. Dans la chapelle, à droite du maître-autel, on voit une Nativité de la Vierge, de *Domenico Tintoretto* : elle est très-mauvaise.

Au maître-autel est un tableau de *Pietro da Cortona*, représentant le Pere éternel, en haut; en bas, Daniel dans la fosse aux lions. Ce morceau est fort beau, très-moëlleux, & même un peu flou; les draperies sont molles; les têtes sont en général gracieuses & belles : mais celle du Pere éternel a quelque chose de pauvre. Ce tableau est ingénieusement composé : il est bien conservé.

De l'autre côté de l'église est une Annonciation, de *Luca Giordano*. Ce tableau est très-foible, & n'est qu'une imitation outrée de l'Ecole Vénitienne: les couleurs sont entieres, & le pinceau en est trop négligé.

Un tableau, où l'on voit Jésus-Christ qui baptise Saint Jean, martyr, par le *Padouanino :* il est mauvais, trop fondu, propre, froid & mal dessiné.

Sainte Catherine qui difpute avec les Docteurs, du *Tintoretto* : il y a de l'effet & d'affez bons tons de couleur. La tête de la Sainte eft bonne & d'une couleur rouffe, mais agréable ; les draperies font mal formées.

Au deffus du chœur des Religieufes eft un tableau de *Zanchi*. Il y a du deffein & de la compofition ; la maniere en eft pefante & fondue, & la couleur d'un roux monotone.

Un tableau repréfentant Saint Jérôme & Saint Auguftin, du Pere *Maffimo*, capucin. Il eft d'une maniere mauvaife & mefquine : mais il y a quelque agrément dans la couleur.

Un autre tableau repréfentant la Vierge & Saint Jofeph adorant Jéfus nouveau né, de *C. Ottaviano Angarano*, noble Vénitien. Il eft mauvais.

S. ANNA, RELIGIEUSES. A gauche on voit un tableau repréfentant la Sainte Trinité, la Vierge en bas, Saint Joachim & Sainte Anne, de *Dom. Tintoretto*. Il eft très-mauvais.

L'orgue eft peint par *Pietro Vecchia*. Ces peintures font affez foibles, de deux maffes décidées & plates. Il y a quelque chofe de bon dans les tons de couleur.

Quelques mauvais tableaux de *Scaligero* & de *Lorenzetti*.

Dans le fanctuaire il y a plufieurs tableaux de

quelques éleves de *Tiepolo*, & entr'autres on en voit au fond de l'églife, repréfentant des actions de *Saint Benoît*, de *Santo Piati.* Ces morceaux font paffables.

Au deffus de la grille des Religieufes eft Saint *Lorenzo Giuftiniani*, qui communie une Abbeffe, de *Michele Neithlingher.* Ce tableau eft mauvais : il y a cependant quelque chofe de bon dans le raboteux du pinceau, qui eft gras, dans la maniere de l'Ecole de Venife.

Une copie du Saint François, du *Guido.* Elle eft fort bonne ; ce qui donne à penfer fi ce n'eft point un original : cependant il n'y a pas affez de légéreté dans le pinceau pour le croire de ce très-grand maître. D'ailleurs ce même tableau eft à Naples beaucoup plus beau.

S. Giuseppe, Maifon Religieufe. Le premier tableau, à gauche, eft un Chrift mort, & un Ange qui lui foutient le bras, de *Parrafio Michiefe.* Il y a quelques graces dans la couleur, & quelques vérités dans le deffein, mais qui font pauvres.

Au maître-autel on voit l'Adoration des Bergers, de *P. Veronefe.* Ce tableau eft très-beau, de très-grand caractere, d'une belle & large maniere. Il y a de belles têtes & de belles mains, & il eft bien peint. La couleur eft en général un peu morne & d'un gris noirâtre.

Autour de cet autel il y a plusieurs figures &
peintures à fresque , de *Giacomo Palma.*

Dans la chapelle , à gauche du grand autel , est
un tableau d'un Christ mort , la Vierge , Saint
Jean, la Magdeleine & Saint Joachim, du *Palma.*
Il y a du mérite; la tête de la Magdeleine est
belle.

Un tableau de la Transfiguration , de *P. Veronese.* Il est bien composé ; les expressions sont
belles ; la tête du Christ est belle , & a de la divi-
nité. Il y a d'autres têtes belles pour les formes :
mais il est peu peint , & d'une couleur grise &
foible.

CAPPUCCINE DI CASTELLO. Le tableau de l'autel représente la Conception de la Vierge : il est
de *Lazarini ,* peintre médiocre.

Dans le plafond est représenté la Manne dans le
désert , d'*Antonio Pellegrini.* Ce morceau est beau,
de belle maniere : mais il est si foible de couleur
& d'effet , qu'il ne paroît qu'une ébauche.

Deux tableaux représentant , l'un Jésus-Christ
au jardin des olives , l'autre sa Flagellation , de
Bartholomeo Litterini. Ils sont mauvais , pesans
& sans goût.

Au rang d'en haut on voit, à droite, le Baptême
de Jésus-Christ, avec beaucoup de figures & d'Anges. Ce tableau est beau , d'une maniere ferme ;

& qui tient beaucoup de celles de *Luca Giordano;* il est de *Sebastiano Ricci.*

La Cene, du même, plus beau encore, très-vigoureux & d'un bel effet, d'une belle maniere, belles têtes.

Une Annonciation, du même.

Un plafond moderne, très - ingénieusement composé, & extrêmement de plafond. La couleur en est charmante, claire & lumineuse, vigoureuse dans les ombres, mais plus belle que la nature, & par conséquent fausse & maniérée : il paroît être de *Tiepoletto.*

S. DOMENICO. Un tableau représentant Jésus-Christ qui épouse Sainte Catherine de Sienne, la Vierge & quelques autres Saints, du *Palma.* Il est fort beau : on y remarque une belle & large maniere de peindre.

S. GIO. IN BRAGORA. En entrant dans l'église, à gauche, on voit la Cene de Jésus-Christ & des Apôtres, de *Paris Bordone,* très-foible.

Le Lavement des pieds, du *Palma.* Il est bon, mais il n'est point précieux de couleur, & il est un peu jaune olivâtre. Il y a du caractere dans le dessein, quoiqu'incorrect. La composition est plutôt singuliere que belle.

Jésus-Christ devant Pilate, du même, mais meilleur. Les draperies sont mal formées.

Près la sacristie on voit deux tableaux de *Leonardo Corona*: l'un est un Christ flagellé, & l'autre un Christ avec un roseau en main. Il y a du mérite, & une assez bonne maniere.

S. ZACCARIA, maison de Religieuses. En entrant par la grande porte, à gauche, on voit un tableau représentant la Visitation de la Vierge, d'*Angelo Trevisani*. Il est d'une couleur rousse, très-maniérée & fausse.

Au premier autel on voit un tableau représentant Notre-Seigneur, un miracle de Saint Côme & Saint Damien, & quelques autres Saints, de *Giuseppe Salviati*. Sa composition est assez sage & belle. Il y a quelques têtes de bon caractere. Il est gris de couleur.

La Vierge & l'Enfant Jésus, Saint Pierre, Saint Jérôme, Sainte Catherine, Sainte Agathe & un petit Ange qui joue du violon, de *Giovanni Bellino*. Il est assez beau, d'une maniere très-douce & très-fondue ; on y trouve beaucoup de vérités, mais froides ; les draperies en sont bien formées, & d'un pinceau aimable.

Le tabernacle du maître-autel est peint des quatre côtés par le *Palma*. Ces tableaux sont assez beaux, quoique de couleur un peu sale ; les attitudes sont un peu forcées.

Le tableau de la Purification de la Vierge, de *Calvetti*. Il est d'une couleur agréable.

La Nativité de Jésus, d'*Antonio Baleſtra*. Elle est de belle maniere, large & moëlleuſe ; l'Ange est beau, & la Vierge fort bien : mais les Bergers ſont mal deſſinés. Ce morceau tient de la manieré du *Giordano*, & de l'imitation du *Correge*.

Le Prophete Zacharie, porté par l'Ange, du *Palma*. Il y a du beau : mais il est d'une maniere noirâtre & mal grouppé.

La Vierge, l'Enfant Jéſus & pluſieurs Saints, du *Palma*. Il y a de belles choſes, & l'on y découvre une maniere grande.

Il y a pluſieurs grands tableaux, qui repréſentent divers ſujets de l'hiſtoire de cette égliſe. Preſque tous ces tableaux ſont d'aſſez belles machines de compoſition, mais extrêmement maniérés de couleur & de deſſein, & très-incorrects.

Dans la ſacriſtie on voit le fameux tableau de *P. Veroneſe*, repréſentant la Vierge ſur un piédeſtal, tenant l'Enfant Jéſus à côté d'elle ; d'un côté Saint Joſeph & Saint Jean-Baptiſte ; en bas, Saint Jérôme vêtu en Cardinal, Saint François & Sainte Catherine, martyre. Ce tableau est un des plus admirables qu'il y ait en Italie ; car il est excellent dans toutes ſes parties, & parfaitement

bien

bien confervé. Ses têtes admirables, avec les plus belles vérités de détail, font traitées d'une maniere facile & grenue, très-finies, d'une couleur merveilleufe, vraie & fans aucune affectation. La Vierge, l'Enfant Jéfus & le petit Saint Jean, ont des tons de chair, & des paffages de couleur d'une fraîcheur excellente, & très-bien peints. Il eft très-bien deffiné, avec beaucoup de jufteffe & d'efprit, & d'une maniere grande. Les têtes ont de très-beaux caracteres; les mains font très-belles; la tête de la Sainte Catherine a des tons vermeils, extrêmement agréables; les demi-teintes grifâtres font d'une belle fraîcheur, d'un ton excellent, & extrêmement variées de tons doux & peu fenfibles, qui compofent un tout très-bien colorié. Les figures font d'un beau choix & bien grouppées. Les ombres font d'un très-beau gris coloré; les draperies bien peintes & pliffées à grands & beaux plis. Il n'y a que la draperie de Saint François qui ne femble pas fi bien traitée. Au refte ce tableau, quoique très-fini & très-peint, l'eft fi légérement, qu'en plufieurs endroits on en voit la toile.

S. SEVERO. Auprès de la chapelle *del Santiffimo*, on voit un Crucifiement, du *Tintoretto*. Il y a dans ce tableau une grande abondance de génie, & des tournures de figures fort ingénieufes; de la couleur : mais rien de beau en détail , & d'ailleurs il eſt très-noirci.

Tous les autres tableaux de cette égliſe ſont aſſez mauvais , excepté une Préſentation au temple , où il y a de la couleur , & une maniere aſſez large.

S. Lorenzo , maiſon de Religieuſes. Un tableau repréſentant Jéſus-Chriſt en croix , Saint André & Sainte Claire , du *Palma.* Ce morceau eſt foible.

Une Aſſomption , de *Santo Peranda.* Ce tableau eſt foible , quoiqu'aſſez bon de couleur & de pinceau.

Dans la petite égliſe on remarque le tableau de l'autel du milieu , qui repréſente le Martyre de Saint Sébaſtien , du *Palma.* Il eſt foible , & les figures ſont tortillées : cependant il y a quelque choſe de bon dans les figures du fond.

Santa Maria Formosa. Les quatre plafonds qui ſont à la voûte de cette égliſe , ſont d'auteurs peu anciens : ils ſont beaux , ſurtout celui qui eſt dans la croiſée de l'égliſe , à gauche. Il eſt très-bien compoſé , peint d'une maniere moëlleuſe & douce. Il y a de la vigueur dans l'effet total du tableau , & il eſt de fort bonne couleur.

S. Leone , dit S. Lio. A main gauche , en entrant par la grande porte , on voit un Saint

Jacques, du *Tiziano*. Il est beau, mais fort
noirci.

Au maître-autel est le Christ mort, plusieurs
Anges, le Pere éternel, Saint Léon Pape, Saint
Jean-Baptiste & Saint Augustin, de *Giacopo Pal-
ma*. Il est assez beau.

S. ANTONINO. Dans la chapelle de la *Casa Tiepolo*, à gauche, il y a onze tableaux du *Palma* (1),
qui représentent les miracles de Saint Saba. Ils
sont tous assez mauvais : cependant il y a quelques bonnes têtes, touchées d'assez bonne maniere.

A la chapelle, à gauche du sanctuaire, on voit
un tableau de *Pietro Vecchia*, représentant le Sacrifice de Noé. Il y a de bonnes choses ; il est
dessiné assez vrai ; il y a de la fermeté & un bon
ton. La composition en est assez ingénieuse : néanmoins les lumieres y sont trop dispersées.

S. FRANCESCO DELLA VIGNA. Dans la chapelle
de *Casa Dandolo*. La Vierge, Saint Antoine &
Saint Bernard, de *Giuseppe Salviati*. Il y a du
mérite.

Dans la chapelle de la *Casa Giustiniana*, le ta-

(1) Il y a eu deux *Palma*, qu'on distingue sous les noms
de vieux & de jeune. On n'a pas toujours sçu duquel étoient
ceux qui sont désignés dans ce Livre : mais en général les
moindres sont de *Palma* le jeune.

bleau d'autel repréſente la Vierge, l'Enfant Jéſus, Saint Joſeph, Saint Jean, Sainte Catherine & Saint Antoine abbé, de *P. Veroneſe*. Ce morceau eſt d'une grande beauté; mais la couleur en eſt un peu éteinte : il eſt cependant digne d'admiration, & d'une belle douceur de pinceau. Les têtes ſont très-belles, ſurtout celle de Sainte Catherine, qui eſt excellemment bien traitée de reflet. Il eſt bien drapé, de plis bien formés, bien compoſé, & ingénieuſement grouppé. La Vierge eſt aſſiſe ſur une eſpèce de piédeſtal qui eſt encore poſé ſur un autre plus grand. Il ſemble que des piédeſtaux ſont pour porter des ſtatues, & non des perſonnes vivantes. Cette élévation la fait paroître en danger de tomber.

Sous la chaire eſt un tableau du martyre de Saint Laurent, de *Santa Croce*. Ce morceau eſt ſec & ſans effet : il y a cependant quelque eſprit dans les petites figures.

Le tableau de la chapelle de la *Caſa Badoera*, repréſentant la Réſurrection de Notre-Seigneur, eſt de *P. Veroneſe*. Il n'eſt pas des meilleurs de ce maître : néanmoins il y a de belles choſes, & la tête du Chriſt eſt belle.

La ſculpture de la ſeconde chapelle de cette égliſe, à gauche, eſt belle, bien travaillée & correcte ; ce qui eſt rare à Veniſe.

Dans la sacriſtie on voit la Vierge, l'Enfant
Jéſus, deux Anges qui jouent du violon, Saint
Jean-Baptiſte, Saint Jérôme & un petit Page, le
tout peint à huile ſur le mur, par *P. Veroneſe*, &
fort gâté : d'ailleurs ce morceau n'eſt pas des
plus excellens de ce maître. Il y a de très-grandes
beautés dans le groupple d'en haut, dont la couleur
eſt belle & vraie, quoique éteinte en pluſieurs endroits : mais le bas n'eſt pas fort beau.

Santa Maria del Pianto, dite le Capuc-
cine delle Fondamente nuove. Au maître-
autel on voit le Chriſt détaché de la croix, de
Luca Giordano. Il eſt deſſiné avec beaucoup de
juſteſſe & de graces, excellemment & ingénieuſement compoſé, mais d'une couleur maniérée &
dur d'effet ; les ombres ſont exceſſivement noires
& tranchées. On dit qu'il l'a fait à deſſein, afin
que ce tableau fût vu de dehors l'égliſe par ceux
qui paſſent ſur le quai : il eût mieux fait de le
peindre pour ceux qui ſont dans l'égliſe.

Une Annonciation, du *Cav. Liberi*. C'eſt un
aſſez mauvais tableau, très-maniéré de couleur ;
les chairs ſont rouges partout ; la tête de Vierge
eſt meſquine, & celle de l'Ange auſſi. Il y a du
mérite dans un petit groupple d'Anges en haut, à
gauche.

A la premiere chapelle, à droite, on voit un

tableau dont la maniere eft ferme, bien drapé, dans l'imitation du *Carracci*, mais très-foible d'ailleurs.

S. GIOVANNI E PAOLO. Dominicains. On y voit un tableau célebre, du *Tiziano*, repréfentant Saint Pierre, martyr. Il eft noirci en beaucoup d'endroits, & par conféquent défaccordé : d'ailleurs il eft admirablement bien compofé, de peu de figures, pleines d'action, deffinées de grand caractere, & avec une belle fineffe de contour & de détail. Le pinceau en eft beau & bien fondu. La couleur eft en général fort belle : cependant, foit que ce foit l'effet du temps, ou qu'en effet il ait été peint ainfi, les chairs d'hommes femblent un peu trop rouges, à moins qu'en ne veuille croire qu'il ait voulu par-là exprimer la colere dans celui qui frappe le Saint, & la frayeur dans les autres ; ce qui eft poffible : mais ces paffions femblent ne devoir être exprimées que dans les têtes, & les autres membres ne changent pas de couleur à ce degré. Il y a en haut quelques enfans admirables pour le deffein, mais furtout pour la beauté & la vérité de la couleur. Le fond eft un payfage bien largement touché, d'un beau choix, & qui fe grouppe bien avec les figures. Il eft fort noirci : mais on en voit encore le *faire*, qui eft d'un grand goût & d'une belle facilité.

Un Chrift mort & un Ange : c'eft une fort bonne copie d'un tableau de *P. Veronefe* , qui eft en France.

Dans la chapelle de Saint Dominique eft un plafond repréfentant ce Saint dans la Gloire , de *Gio. Batta. Piazetta* , très-bien compofé , bien de plafond & très-hardi. Il y a quelques figures debout , très-bien traitées de raccourci. L'effet total du tableau eft très-lumineux , & il y a peu de figures & beaucoup d'air. La couleur paroît en général un peu jaune , & les ombres rouffes.

A la chapelle *del Nome di Dio* eft une Trinité, où Jéfus-Chrift eft en croix , environné de plufieurs grands Anges. La compofition en eft ingénieufe & grande ; cependant on croit en avoir vu une femblable à Bologne : on ne fçait qui l'a trouvé le premier. Ce tableau eft de grande maniere , mais à demi-fini.

Au côtés de cette chapelle on voit deux tableaux de *Pietro Mera.* Ils font très-mauvais.

Le plafond a cinq compartimens , de *Gio. Batta. Lorenzetti.* Il eft bon , bien de plafond , & d'une maniere affez nette.

A la chapelle du Rofaire on voit un Crucifiement , avec la Magdeleine & quelques autres figures , du *Tintoretto.* Il y a une fureur de compofition admirable , & de très-belles chofes , furtout les deux larrons.   D iv

Jésus devant Caïfe, de *Giovanni Fiammingo.*

La Vierge qui intercede pour les hommes, de *Leonardo Corona.*

Du même, la Nativité de la Vierge. Ces deux tableaux font bons, & ont de belles chofes.

Deux grands morceaux de *Domenico Tintoretto,* où il y a de meilleures chofes qu'à fon ordinaire, & où il tient beaucoup de la couleur & du génie de *Giacopo Tintoretto.* L'un eft la Victoire remportée fur mer par les Vénitiens, le jour de Sainte Juftine, contre les Turcs. L'autre, la Vierge, Notre-Seigneur & la Foi, en haut; en bas on voit Pie V, Philippe II, le Doge *Louis Mocenigo,* & autres.

Dans le plafond ovale du milieu eft repréfenté Saint Dominique, Sainte Catherine de Sienne, Sainte Juftine & plufieurs autres Saints, du *Tintoretto.* Il eft noirci en plufieurs endroits, ou peut-être eft-ce une faute du peintre: mais l'effet en eft gâté par quantité de parties noires, qui font des taches. Il eft compofé avec beaucoup de génie & de feu.

Les autres plafonds font du *Palma,* auffi bien que cinq autres morceaux qui font à gauche de la chapelle. Les cinq, à droite, font de *Leonardo Corona.* Tous ces tableaux ont quelque mérite.

Au fond de la chapelle on voit une Annonciation, de *Pietro Ricchi.* La maniere en eſt grande, & le grouppe du Pere éternel eſt compoſé avec beaucoup de génie.

La chapelle *della Confraternita di Santa Orſola,* eſt ornée de pluſieurs ſujets de la vie de cette Sainte , peints par *Vittore Carpatio,* dans les commencemens du renouvellement de la peinture. Il y en a un daté de 1495. On y voit déja quelque mérite , quoique la maniere en ſoit fort ſéche & ſans intelligence de lumieres , ni d'ombres. Au reſte il y a beaucoup de vigueur dans la couleur locale , & des choſes rendues avec naïveté & juſteſſe , d'une nature baſſe & ſans choix, mais vraie.

A la chapelle de la *Madonna della Pace* , on voit derriere l'autel deux tableaux repréſentant des miracles de la Vierge. Celui à droite , en regardant l'autel , eſt d'*Angelo Leone ;* celui à gauche , de *Leandro Baſſano.* Ils ſont aſſez mauvais tous deux , quoiqu'il y ait des vérités. Celui de *Baſſano* eſt le meilleur.

Un tableau repréſentant Saint Luc peignant la Vierge , & un autre , l'Adoration des Mages : ces deux morceaux ſont du *Cav. Andrea Celeſti.* Ils ſont ingénieux de compoſition ; la maniere en eſt grande ; le caractere du deſſein en eſt rond , & les formes molles & indéciſes , ſurtout dans les draperies. L'effet en est piquant ; les ombres fort noires ; les demi-teintes sont colorées de tons extrêmement vifs, beaux & variés. Il y a beaucoup de tons pourprés, & il ressemblent fort à ceux de *Rubens*, lorsqu'il est le plus haut en couleur. Le pinceau en est flou. C'est le plus hardi coloriste qu'on ait vu à Venise : mais il est outré à l'excès, & la nature n'est point de cette force. Il est bon à copier pour ceux qui manquent absolument de coloris : il perdroit tout autre.

On en voit deux autres représentant l'Annonciation, qui paroissent être du même. La couleur en est également maniérée.

Il y a dans le réfectoire un tableau célebre, de *P. Veronese*, fait en 1573 : le sujet est le Repas de Jésus-Christ chez le Lévite. C'est un morceau de composition admirable ; il y regne une grande variété d'attitudes, sans qu'aucune sorte de la simplicité & de la vérité. Le lieu de la scene est magnifique : c'est un portique d'architecture symmétrique, vu en face, & dont la froideur est ôtée par le mouvement des figures. Presque tous les tableaux de cette espece de ce maître, sont en quelque façon divisés en trois parties par des colonnes : mais cette division trop symmétrique est sauvée & liée par quelques figures debout ou en d'autres attitudes, qui y sont amenées assez natu-

rellement pour ne point choquer. Les habillemens de ces figures font riches, & prefque toutes
les têtes paroiffent des portraits par les détails vrais
de nature qui y font, & par la variété finguliere
des caracteres de têtes d'un fi grand nombre de
figures. Cependant toutes ces têtes font d'un caractere noble & propre à l'hiftoire : en les exécu-
tant, il les ennobliffoit ; & fans changer les principales formes, il fupprimoit les détails qui en-
laidiffent & rendent les caracteres communs. Ces
têtes font peintes avec la facilité large, mais très-
bien exécutée, qui eft la perfection de la peinture
d'hiftoire. Ce maître a pris une licence bien avan-
tageufe, & qui produit de grandes beautés, en
mettant dans les fujets de fes tableaux les portraits
de fes amis, & les habillemens & étoffes de fon
pays : par ce moyen il pouvoit avoir devant fes
yeux la nature dont la variété eft infinie, & fon
imagination étoit aidée par les objets préfens. Il
en réfulte une vérité finguliere dans le deffein,
dans la couleur & dans l'effet de lumiere. Il y a
dans ce tableau une tête admirable d'un homme
fort gras, qu'on croit imitée de la tête antique de
Vitellius, & que peu de gens oferoient hazarder.
La tête du Chrift eft fort belle ; ce qui ne fe trouve
pas toujours dans fes tableaux, parce que ne pou-
vant donner à cette tête le caractere d'aucune

perſonne connue, & par conſéquent tirant peu de
ſecours de la nature, il lui eſt ſouvent arrivé de
la faire inférieure aux autres. Ce tableau fait beaucoup d'effet ; on y voit encore la même idée d'intelligence de lumiere , qui conſiſte à tenir ſes
figures réfletées ſur le devant, & à mettre les
principales forces de ſon tableau au ſecond plan.
L'architecture des fonds paroît un peu trop blanche & trop foible d'ombres ; ce qui lui eſt ordinaire, & qui n'eſt pas exactement vrai , quoique
cela contribue à faire valoir davantage la force du
coloris des figures. Le coloris en eſt beau, & d'une
vérité admirable. Les ombres de quelques figures
dans les draperies ſont trop foibles , & ne ſont
pas aſſez différentes des lumieres : cela ſe voit
ſouvent dans ſes tableaux ; mais c'eſt vraiſembla-
blement l'effet du temps qui les a diſſipées , d'autant plus que ce défaut ſe trouve rarement dans
ceux qui ont été conſervés dans des lieux à l'abri
des injures de l'air. Il eſt gâté en beaucoup d'endroits ; ce qui n'empêche pas qu'on ne le voie
fort bien.

On voit dans le réfectoire nouveau une Décoll-
lation de *Saint Jean* & de *Saint Paul*, par *Pietro
Vecchia*. Ce tableau a beaucoup de feu, & eſt
d'un caractere grand & reſſenti. La couleur en eſt
belle : mais il eſt très-noirci.

Il y a plufieurs tableaux de *Lazarini*, peintre mort depuis peu d'années. Ils font fort médiocres, & d'une mauvaife couleur rouge.

Scuola grande di S. Marco. Il y a quatre tableaux de *Tintoretto*. Le premier repréfente le corps de S. Marc, dérobé furtivement. Le fecond, quand on porte ce corps au navire ; ce qui excite une tempête. Le troifieme eft une tempête en mer, & Saint Marc qui fecourt un Sarrazin, en le faifant aborder à l'efquif des Vénitiens. Le quatrieme eft Saint Marc en l'air, qui délivre un ferviteur martyrifé. Tous ces tableaux ont de très-belles chofes, & font d'une compofition remplie de feu.

Chiesa dello Spedaletto. Le premier tableau à gauche, en entrant dans l'églife, eft du *Cavaliere Celefti*, & repréfente la Sainte Vierge, Saint Jérôme & quelques autres Saints. Il eft bien peint, moëlleux, de fort belle couleur, mais un peu rouffe.

On en voit auffi un autre de *D. Ermanno Stroiffi*, repréfentant la Vierge & plufieurs Anges ; en bas eft Saint Jean-Baptifte, Saint Jacques & Saint François. Le groupe de la Vierge eft d'une grande beauté & de fort belle maniere.

Un Chrift mort, de *Carlo Loth*. Ce tableau eft fort beau, bien deffiné, d'une maniere large, &

d'une couleur un peu rousse. Il y a de fort belles têtes.

CHIESA DELLO SPEDALE DE'I MENDICANTI. Il y a un tableau de *Guercino da cento* : il représente Sainte Hélene trouvant la croix. Il est fort beau entre sa maniere bleue & la rouge. Ses ombres sont noires, & ses lumieres sont de belle couleur.

Il y a aussi un tableau du *Tiarini*, Bolonois, qui représente la Vierge du Rosaire, & quelques Saints : mais il est très-foible, & n'est pas digne de ce maître.

SESTIERE DI S. PAOLO.

S. PAOLO ou S. POLO. Il y a un tableau de *Paolo Piazza*, au dessus du banc de la *Scuola* ou confrairie, dans lequel on voit Saint Paul baptisé. Il est très-foible, & a dans la composition quelque chose de l'imitation du *Tintoretto*.

Un autre, du même, à l'autel de ladite confrairie, qui représente Saint Paul prêchant : il est très-mauvais.

La Naissance de la Vierge, tableau d'*Aloïse del Friso* : il est mauvais, & cependant d'un assez beau pinceau.

Le Mariage de la Vierge, de *P. Veronese*. Il

eſt foible, & gâté par un tableau d'une Madonne, qui ſemble percer au travers. Le groupe d'en bas a de belles choſes.

Dans la chapelle, à droite du maître-autel, il y a un tableau d'Anges & de Saints, de *Francesco Ruschi*. Il eſt très-mauvais.

Au maître-autel on voit la Converſion de Saint Paul, du *Palma*. Ce tableau paroît fort beau : mais il eſt très-noirci. Il eſt de grand caractere & de grande maniere, & il y a de belles têtes.

Derriere l'image du Roſaire on voit l'Aſſomption, qui eſt du *Tintoretto*.

Un autre tableau de *Francesco Pittoni*, repréſentant l'Apparition de Jéſus reſſuſcité. Il n'eſt pas beau ; toutes les têtes en ſont mauvaiſes. Il y a de la force dans la couleur : mais il eſt peint noir, & eſt encore noirci.

On en voit un autre de *Tintoretto* : le ſujet eſt la Cene de Jéſus-Chriſt avec les Apôtres. Ce tableau eſt d'une grande fureur de compoſition, & d'une imagination bizarre ; il eſt vigoureux de couleur & de grand effet. Il y a de belles maſſes, quoiqu'un peu gâtées par le temps, qui en a noirci beaucoup de choſes. Il eſt très-graſſement peint, & aſſez fini, quoique broſſé de la maniere la plus hardie. Il y a quelques belles têtes, ſurtout celle du Chriſt.

On voit encore, dans une chapelle qui sert d'entrée à cette église, plusieurs sujets de la Passion, dont les figures sont du tiers de la hauteur naturelle. Il y a aussi plusieurs petits plafonds de *Giov. Batta. Tiepolo.* Ces tableaux sont d'une couleur claire & gracieuse, mais un peu maniérée, pleins de génie & d'une touche très-spirituelle. Le pinceau en est facile, & en quelque façon négligé, dans le goût de *P. Veronese*, & plus encore dans celui de *Ricci.*

S. APOLLINARO, dit S. APONAL. On y voit la Vierge de Mont Carmel, plusieurs Saints Carmes, & les Ames du Purgatoire, par *Giov. Batta. Tiepolo.* Ce tableau est fort bon, d'une maniere large & d'assez bon ton.

La Naissance de Notre-Seigneur, de *Giov. Batta. Mariotti.* Il y a de fort belles choses. Il est d'un effet aimable, mais maniéré & trop de deux masses. Les demi-teintes sont trop foibles.

Il y a beaucoup d'autres tableaux dans cette église, dont plusieurs paroissent bons : mais ils sont si noirs qu'on n'y voit rien.

S. SILVESTRO. On voit à gauche, en haut, deux tableaux, dont l'un représente la Purification de la Vierge, & l'autre, Saint Joseph qui dort, d'*Antonio Bellucci.* Ils sont d'une composition ingénieuse ; la maniere en est large, la couleur

leur maniérée ; dans le songe de Saint Joseph elle tient plus de l'imitation de *P. Veronese* : cependant celui de la Purification est le meilleur.

L'Adoration des Mages, de *P. Veronese*, paroît fort belle, & est très-bien composée. Ce tableau est gâté, & se voit mal : il a été peint en l'année 1571.

Un Saint Joseph, de *Carlo Loth*, bien composé & bien grouppé. Il y a dans ce tableau des choses très-gracieuses ; la couleur en est forte & agréable.

Un tableau représentant la Fuite en Egypte, de *Gregorio Lazzarini*. Il est d'une maniere ferme & de bon ton.

On voit à l'autel l'Annonciation, de *Francesco Pittoni*. Ce tableau est bon, d'une maniere mollette, & qui tient de celle de *Pietro da Cortona*.

Jésus-Christ au jardin des olives. Ce morceau, du *Tintoretto*, est fait d'une maniere ferme. Il y a de bonnes têtes : mais il est fort gâté.

Un tableau représentant la Vierge & quelques autres Saints, du *Cav. Celesti*. Il y a du mérite.

Au maître-autel on voit un tableau représentant le Pere éternel, la Vierge & Saint Silvestre, de *Giov. Batta. Lorenzetti*, peintre moderne. Il n'est pas beau ; la maniere en est petite, & la couleur outrée & fausse.

Tome III, Part. V.   E

La Cene de Jéfus-Chrift avec les Apôtres, du *Palma Vecchio.* Ce tableau préfente un affez beau tout-enfemble, mais il n'a rien de bien beau dans le détail, & il eft fort noirci.

On voit encore le Baptême de Jéfus-Chrift par Saint Jean, du *Tintoretto.* Il y a dans ce tableau de l'effet, & un caractere ferme & hardi ; mais la couleur en eft trop grife.

Tout le plafond de l'églife eft peint par *Ludovico Dorigni.* C'eft une grande machine, d'une compofition pleine de feu & de génie. Il y a beaucoup de graces dans les tournures des figures, & dans le deffein, qui eft fpirituel, jufte & fin. La couleur en eft monotone, & il femble que ce ne foit qu'un camayeux roux.

SAN GIOVANNO ELEMOSINARIO DI RIALTO. Le tableau du maître-autel eft du *Tiziano.* En général tous les tableaux de cette églife font fort noirs.

MAGISTRATI. Toutes les falles de ce lieu ont beaucoup de tableaux annoncés dans le Livre qu'on vend à Venife : les notes en ont été perdues.

S. STEPHANO, dit S. STIN. On voit dans les intervalles des arcs trois tableaux de *Girolamo Pilotti.* Le premier repréfente la Manne du défert ; le fecond, la Naiffance de la Vierge, & le troifieme, fon Mariage. Il y a dans ces tableaux du mérite, mais trop de charivari ; la maniere en est petite, la couleur fausse, maniérée, & ils font durs d'effet.

On voit encore un tableau qui repréfente l'Affomption, du *Tintoretto*. Ce morceau n'est pas fort beau : cependant il y a quelques têtes qui ont du bon.

A la chapelle, à gauche du maître-autel, on voit un tableau qui repréfente la mort de Saint Jofeph, de *Gregorio Lazzarini*, morceau affez bon, furtout par une maniere douce, qui femble imitée d'*Andrea Sacchi*. Les têtes en font mefquines.

On voit de très-belles chofes au tableau du maître-autel. Le grouppe d'en haut tient beaucoup du *Palma* & du *Tintoretto*, & eft fort beau.

S. GIOVANNI EVANGELISTA. Au tableau du maître-autel on voit en haut le Pere éternel, le Saint Efprit & la Vierge, & en bas Saint Jean l'Evangélifte, du *Caval. Liberi*. Ce tableau eft affez mauvais. Quoiqu'on y trouve en quelques endroits d'affez beaux tons de couleur, en général elle eft fauffe, & il eft peint d'une maniere indécife ; ce que les Italiens appellent *Sfumato* : il eft d'ailleurs mal deffiné, lourd & fans caractere.

On voit à l'autel qui est à gauche du maître-autel, un tableau représentant la Vierge avec deux Anges qui la couronnent, & deux autres qui jouent du luth, d'*Andrea Vicentino*. Il y a des choses de bonne couleur.

A l'autel, près la sacristie, on voit Saint Jacques tenant un livre, d'*Antonio Alienfe*. Ce tableau est fort bon, & tient de *P. Veronese* pour la tournure & la couleur.

Chiesa de' Minori Conventuali, dite de' Frari. A l'autel de Sainte Catherine on voit le Martyre de cette Sainte, du *Palma*. Il y a dans ce tableau une belle fureur de composition, plusieurs belles têtes, & la maniere du pinceau en est large; la perspective est d'un mauvais choix, & l'horizon trop haut.

Au maître-autel, on voit un grand tableau représentant l'Assomption de la Vierge, par le *Tiziano*. Ce tableau paroît avoir été d'une grande beauté, mais il est tout éteint, & tellement noirci qu'on ne le voit qu'à peine : on entrevoit que les têtes sont fort belles. Le grouppe d'en bas est bien composé ; celui de la Vierge n'est pas assez lié avec le reste, & le Pere éternel fait une tache dans le tableau, étant environné de blanc dessous & dessus.

Dans la sacristie, le tableau d'autel, qui est en

trois parties, repréſente la Vierge aſſiſe avec l'Enfant Jéſus & deux Anges. Dans les deux autres
parties on voit Saint Bernardin, Saint Nicolas &
quelques autres, de *Gio. Bellino.* Ce morceau eſt
fort ſec ; les têtes ſont aſſez bien, & il y a quelque couleur.

On voit encore un petit tableau repréſentant la
Naiſſance de Jéſus-Chriſt, par le *Baſſano.* Il eſt
très-bien touché : mais fort noir.

S. Rocco. La coupole du ſanctuaire étoit peinte
à freſque, par le *Pordenone* : mais elle a été repeinte, & ne vaut rien.

Aux côtés du ſanctuaire on voit quatre grands
tableaux du *Tintoretto.* Le premier, qui eſt du
côté de l'épitre, repréſente Saint Roch qui guérit
des animaux ; dans le ſecond, le même Saint qui
guérit les malades dans l'hôpital ; dans le troiſieme,
il eſt mis en priſon ; le quatrieme repréſente le
Saint dans ſa priſon, conſolé par un Ange. Ces
tableaux ſont beaux, d'un excellent ton de couleur,
quoique noircis, d'une maniere graſſe & très-
peinte, plus finis que d'ordinaire : cependant il
n'y a preſque point de têtes qui ſoient belles.

A la chapelle, à gauche du maître-autel, on
voit un tableau du *Tiziano* : ce ſont deux buſtes
de grandeur naturelle, qui repréſentent Jéſus-
Chriſt, un ſoldat qui lui préſente le roſeau, &

une autre tête de soldat. Ces trois têtes sont d'un très-beau caractere ; la couleur en est salie & toute éteinte.

Vers le milieu de l'église, du côté gauche, on voit la Piscine miraculeuse, du *Tintoretto.* C'est un des plus beaux tableaux de ce maître ; la composition en est très-singuliere ; on ne voit point l'eau de la Piscine, & le tout paroît un peu trop rempli.

Au dessus on voit un tableau qui représente Saint Roch assis. On ignore le nom du peintre : mais ce tableau est fort bon, de bon ton & de bonne maniere.

Vis-à-vis on voit Jésus-Christ qui chasse les vendeurs du temple, par *Antonio Fuminiani.* Ce morceau est composé d'un très-grand feu, & avec beaucoup de génie, bien grouppé, d'une maniere forte & grande, & imitée du *Tintoretto.* Ce peintre fait volontiers ses figures plus grandes que nature.

Au dessus on voit trois compartimens à fresque, du *Pordenone.* Il y a de fort belles têtes, & la maniere en est grande & hardie ; on y voit aussi Saint Martin, qui donne l'aumône à plusieurs pauvres.

On voit encore un tableau représentant l'Annonciation, qui paroît du *Tintoretto :* l'Ange y donne la bénédiction à la Vierge. Ce morceau eſt médiocre.

Les tableaux des premiers autels à droite & à gauche, en entrant dans l'égliſe, ſont de *Tiepoletto*. Ces morceaux ſont pleins d'eſprit & de génie, mais exceſſivement maniérés.

Au ſecond autel, à gauche, on voit un tableau fort bon, qui paroît être de *Solimeno*.

SCUOLA GRANDE DI S. ROCCO. Cette égliſe ou ſalle de confrairie eſt à deux étages; le rez de chauſſée eſt une eſpece d'égliſe baſſe, & le deſſus eſt une grande ſalle où il y a un autel, & une autre ſalle plus petite. Preſque toute la peinture de ce bâtiment eſt du *Tintoretto*. Au rez de chauſſée on voit ſix tableaux principaux. Le premier repréſente l'Annonciation, tableau d'une compoſition ſinguliere & bizarre : l'Ange entre par la fenêtre, & il y a un détail de meubles communs, comme chaiſes & tabourets de paille, qui ſont rendus avec beaucoup de vérité & de goût; l'effet de lumiere en eſt des plus hardis & des plus piquans.

On voit dans le ſecond l'Adoration des Mages. Ce tableau eſt moins beau, de couleur ſale, & il y a des enfans qui ſont auſſi gros que les figures d'hommes.

Le troiſieme repréſente la Fuite en Egypte.

Dans le quatrieme on voit le Maſſacre des In-

nocens, tableau d'une fureur de compofition prodigieufe : les groupes liés les uns avec les autres
font pleins d'action & d'une abondance de génie
finguliere ; l'horizon eft placé fort haut, & les
maffes d'ombres & de lumieres font grandes &
bien entendues.

De l'autre côté de l'églife, à droite, on voit le
cinquieme tableau, qui repréfente la Circoncifion.
Ce morceau eft excellent, bien compofé ; les
groupes font bien enchaînés & propres à produire
de grandes maffes de lumieres & d'ombres. Les
figures font d'un beau choix ; l'horizon eft moins
haut, & d'une plus belle difpofition. Ce n'eft cependant pas un des meilleurs tableaux du *Tinto-*
retto : il n'y a prefque aucune tête qui foit belle.

Le fixieme repréfente l'Affomption de la Vierge : c'eft un des moindres tableaux, quoiqu'il y
ait toujours beaucoup de feu.

Il y a encore vers l'autel quelques tableaux en
hauteur, du même peintre, qui n'ont point de
fujet, & ne font que des payfages pour remplir
les vuides : ils font broffés de la maniere la plus
hardie.

Au palier de l'efcalier on voit un tableau qui
repréfente une Annonciation, du *Tiziano.* Ce
morceau (de figures prefque de grandeur naturelle) eft admirable ; les têtes font pleines de

graces, & d'une excellente couleur : c'est dommage qu'il soit loin de la vue.

Vis-à-vis on voit un tableau de la Visitation de la Vierge, du *Tintoretto,* qui est aussi d'une grande beauté.

Les deux côtés de la seconde rampe de l'escalier qui arrive à la salle d'en haut, sont décorés de deux grands morceaux de peinture ; à droite, la Peste qui fut à Venise en 1630, est représentée, & on voit les pestiférés mourans, & les morts jettés d'un pont dans des barques, pour les porter à la sépulture, & en haut Saint Roch qui prie Dieu pour la délivrance de ce fleau. Ce tableau, qui est d'*Antonio Zanchi,* est fort beau ; il est dessiné de grand caractere, & peint d'une maniere forte ; les ombres sont sensibles, & les draperies bien formées.

A gauche on voit la Vierge & plusieurs Anges, Saint Roch, Saint Sébastien & Saint Marc ; au dessus Venise suppliante, accompagnée de la Foi, de la Religion & d'autres Vertus ; l'Ange exterminateur remet le glaive dans le fourreau ; la peste & la mort fuient. Ce tableau, de *Pietro Negri,* est assez bon, mais maniéré.

Le plafond de cet escalier est de *Giroiamo Pellegrini :* il n'est pas fort beau, & n'est fait qu'à demi.

Dans la falle on voit , du *Tintoretto* , la Naif-fance de Jéfus-Chrift , tableau d'une belle chaleur de génie : il eft de grande & large maniere , mais un peu fale de couleur.

Un tableau repréfentant le Baptême , morceau où il y a toujours un beau feu de génie , mais moindre que le précédent.

La Réfurrection , tableau d'une compofition admirable & plein de feu , broffé avec la plus grande hardieffe.

Jéfus au jardin , tableau broffé , à peine demi-fait , mais grand de maniere.

La Cene de Jéfus-Chrift avec les Apôtres. La compofition de ce morceau eft fans nobleffe , ni dignité , mais pleine d'action & de feu ; la fcene eft dans une véritable auberge de campagne ; plu-fieurs Apôtres y font fur des efcabeaux renver-fés , faifant avec excès les actions que le peintre leur veut faire repréfenter.

Au tableau de l'autel on voit , dans le haut , Saint Roch ; en bas font plufieurs malades , & le Cardinal *Britannico* , qui , par l'interceffion du Saint , fut préfervé de la pefte. Il n'y a rien d'ex-cellent dans ce morceau que la hardieffe du *faire* , & certains tons gris colorés , qui font d'une grande beauté.

De l'autre côté on voit la Multiplication des pains & des poiffons.

La Guérison de l'Aveugle né.

L'Ascension de Notre-Seigneur.

La Piscine miraculeuse. Ce tableau est d'un brossis toujours furieux de génie, & d'une grande facilité.

Après la porte de l'*Albergho* on voit la Tentation de Jésus - Christ. Ce morceau est très-beau.

Auprès du sanctuaire, entre les fenêtres, on voit un tableau représentant Saint Roch & Saint Sébastien.

Dans le plafond, le morceau du milieu représente le Serpent d'airain. Il est faux de composition, & prétend à être de plafond, mais ne l'est point : au reste il est beau, d'un génie grand & furieux.

Les autres plafonds sont Adam & Eve.

La Colonne de feu.

L'Echelle de Jacob.

Jonas sortant de la baleine.

Elie fuyant Jézabel.

Le Sacrifice d'Abraham.

La Manne dans le désert.

Les Hébreux mangeant l'agneau pascal.

Moïse frappant le rocher, & quelques autres. On ne peut rien imaginer de plus hardi que les attitudes de ces figures, & le goût de les traiter de plafond. Ces tableaux font d'une grandeur de maniere, & d'une facilité prodigieufe : ils font tous du même *Tintoretto*.

Dans cette même falle il y a deux ftatues de marbre, commencées, & qui n'ont point été achevées, à caufe de la mort du fculpteur. Elles font traitées de grand & bon goût, bien drapées : elles tiennent du goût de *Michel-Ange*. Il y a de la maniere & des incorrections de deffein : par exemple les pieds font trop courts, & ont trop de deffus.

Dans la falle la plus petite, qu'on appelle l'*Al-bergho*, on voit un grand tableau, repréfentant le Crucifiement de Jéfus-Chrift & des deux larrons. Ce morceau eft du *Tintoretto*, ainfi que tous les tableaux qui font dans cette piece. Il eft d'une grande compofition, abondante de génie, & très-bien exécuté ; c'eft une des plus belles productions de ce grand maître. Il y a de très-belles têtes, dont l'expreffion de douleur eft forte & bien rendue ; la couleur en eft belle, mais toujours un peu fale.

Jéfus-Chrift devant Pilate. Ce tableau eft d'un grand effet & d'une belle intelligence de lumiere ; le Chrift eft enveloppé d'un linceul blanc : il eft trop pauvrement drapé.

Au deffus de la porte on voit Jéfus-Chrift au prétoire. Ce morceau eft beau.

Un tableau repréfentant Jéfus-Chrift allant au calvaire. Ce morceau eft d'une compofition pi-quante ; les plans des montagnes, fur lefquels font pofées les figures, font ingénieufement trou-vés ; ils font difpofés de façon que le fujet eft au fecond plan, & élevé au deffus de la tête des figu-res du premier plan. Celles-ci font dans la demi-teinte, fans affeƐation, & la principale lumiere fe trouve fur le principal fujet.

Le plafond repréfente Saint Roch debout, & plufieurs autres figures. Celle de Saint Roch eft très-hardie, & fait bien fon effet : les figures affifes font cependant encore mieux de plafond. Ce morceau eft le premier que fit ce maître dans cette *Scuola*, en concurrence avec plufieurs autres peintres, & il l'eut achevé dans le même temps que les autres employerent à faire des deffeins : il eft néanmoins un des plus finis ; ce qui fait qu'il n'eft pas le plus beau ; car ce maître eft le plus admirable, lorfqu'il eft le moins fini, & qu'il fe livre à tout fon feu.

Cette *Scuola* eft le recueil des plus belles chofes qui foient fortis des mains du *Tintoretto* ; la fureur de fon génie & de fon imagination n'a point de pareille, & il n'y a point de peintre qui l'égale dans cette partie : il l'a portée même quelquefois au plus grand excès, & il fort de la vraifemblance

par le trop de mouvement qu'il donne à ses figures, même dans les actions les plus simples. C'est
ainsi que dans la Cene plusieurs Apôtres sont assis
sur des bancs renversés, & se jettent de côté &
d'autre, sans nécessité. Il étoit tellement plein
d'enthousiasme, qu'il n'a pu se contenir dans les
bornes de la raison : mais ces écarts sont dignes
d'admiration. Son intelligence de lumiere est des
plus hardies, & produit des effets vrais. Peu de
maîtres auroient pu les hazarder avec un pareil
succès : tel est l'effet de lumiere de la Cene. Le
sujet se passe dans l'ombre, & la plus vive lumiere
du tableau est dans le fond : cependant le sujet se
débrouille très-bien, & toutes les figures en sont
distinctes. Cet effet est vrai, & l'intérieur d'une
chambre est toujours plus obscur que ce qui est
exposé au grand jour. Autant *P. Veronese* aime à
mettre l'horizon de ses tableaux bas, autant le
Tintoretto le met communément haut dans les
siens, qui ne sont pas destinés à être des plafonds ; car alors on ne peut être plus hardi qu'il
l'est dans les raccourcis vus en dessous. Dans la
plûpart de ses tableaux ce sont des raccourcis vus
en dessus : ce choix d'horizon est cependant moins
agréable que l'horizon bas de *P. Veronese*. Il résulte de celui-ci que le sujet est moins embarrassé,
& que les figures paroissent avoir plus de grandeur

& de majefté. Il eft vrai que l'autre donne des fonds riches : mais ils caufent une diftraction au principal fujet, qu'il femble qu'on eft obligé de chercher. La perfpective, du *Tintoretto*, eft jufte: cependant elle eft d'un choix défectueux ; le point de diftance n'eft pas affez éloigné ; c'eft la perfpective telle qu'on la voit en deffinant d'après nature de trop près. Il arrive de là que le feul efpace d'une table où fix perfonnes peuvent être affifes de chaque côté, produit une diminution de figures de plus de moitié : c'eft ce qu'on voit dans beaucoup de tableaux de ce peintre, où les figures dé devant font des coloffes, & le refte eft fort petit ; la figure du Chrift, qui eft fouvent au bout de la table, eft extrêmement petite. Sa maniere de draper n'eft point bonne ; fes draperies colent trop le nu, & fes plis font des filets étroits, clairs fur des fonds bruns, & plutôt des coups de pinceau que des plis, fans forme, fans naiffance, fans liaifon & fans fin déterminée : ils femblent faits au hazard. Généralement la maniere de deffiner de ce maître femble de quelqu'un qui n'a pas dans l'efprit une idée nette de ce qu'il veut faire, qui jette des traits au hazard, & à la fin y trouve la forme qu'il cherche. Cette façon barboteufe de faire les chofes, comme par hazard, eft dans un homme médiocre l'incertitude d'en fçavoir les contours & les formes. Dans ce grand maître il paroît que c'eſt l'excès de feu & d'imagination, qui ne permet pas la réflexion néceſſaire pour mettre ſon trait juſte à ſa place, & qui offre tant d'idées à la fois, qu'elle ne peut les repréſenter bien nettes qu'après en avoir fixé quelques-unes ſur ſa toile, qui décident celles que l'on ſuivra. Perſonne ne l'a ſurpaſſé dans l'art de groupper ſes figures enſemble; à la vérité, c'eſt en leur donnant toutes les attitudes, quelques outrées qu'elles ſoient, qui lui ſont néceſſaires pour cet effet : delà ſes grandes maſſes de lumieres & d'ombres, & par conſéquent les plus grands effets. L'enchaînement de tous ſes grands grouppes eſt encore une beauté que peu de maîtres ont pouſſée auſſi loin qu'il l'a fait dans pluſieurs tableaux. *P. Veroneſe* a cette même beauté, dans un genre de compoſition tout-à-fait différent. Ce grand feu fait qu'en général le *Tintoretto* eſt moins admirable quand il eſt plus fini; ſon imagination ſe refroidit pendant le temps de l'exécution ; & comme il n'a pas la correction du deſſein, & le ſçavoir de détail, qui eſt la perfection de l'exécution finie, il lui reſte peu de beautés. Sa couleur eſt aſſez ſouvent ſale. Dans cette façon de faire, prompte & furieuſe, ſi les tons ne réuſſiſſent pas d'abord tels qu'on les veut, on les fatigue pour les chercher :

c'eſt

c'eſt pourquoi il s'y trouve quelquefois des choſes du plus beau ton & de la plus grande fraîcheur, & plus ſouvent des choſes ſales & barboteuſes.

S. NICOLO DE' FRARI, dit *della Latuca*, & encore S. *Nicoletto de' Frari.* Le premier tableau en entrant dans l'égliſe, à gauche, eſt N. D. de Pitié, Saint André & Saint Nicolas, de *Paolo Fiamingo.* Ce morceau eſt mauvais.

Au maître-autel on voit un grand tableau du *Tiẓiano*, repréſentant la Vierge ſur des nuages, & quelques petits Anges ; dans le bas du tableau il y a Saint Nicolas, Sainte Catherine, Saint Antoine de Padoue, Saint François & Saint Sébaſtien. Ce tableau eſt un grand morceau de compoſition : mais il eſt tout perdu, & on n'y voit preſque rien ; on débrouille confuſément quelques têtes, qui paroiſſent être d'une grande beauté : mais le peu de lumieres qu'on y peut voir, ſont jaunes.

Au côté gauche du ſanctuaire, le tableau d'en haut repréſente la Cene : il eſt de *Benedetto Caliari.* Ce morceau eſt beau, ſans qu'il y ait cependant rien d'excellent ; il eſt bien compoſé, & il y a quelques têtes de très-beau caractere.

Au deſſous on voit Saint Jean qui baptiſe Notre-Seigneur, & dans le lointain, Jéſus-Chriſt tenté par le démon, de *P. Veroneſe.* Ce tableau, qui eſt fort beau, n'eſt pas peint autant qu'il le fait ſouvent ; il eſt fait légérement ; les têtes ſont belles , ſurtout celle du Chriſt. La couleur a de très-beaux paſſages de tons, quoiqu'en général elle ſoit jaune.

Du côté gauche , en haut , eſt un tableau repréſentant la Réſurrection, de *Carletto Caliari.*

Au deſſous on voit Jéſus-Chriſt aux lymbes, du *Palma.* Le caractere du deſſein de ce morceau eſt fort mâle , le pinceau gras , & il y a quelques belles têtes.

Un tableau qui repréſente la Réſurrection.

Un autre tableau repréſentant Jéſus-Chriſt devant Pilate, de *Benedetto Caliari :* il ſemble être de *P. Veroneſe.* La compoſition de ce morceau eſt belle & ingénieuſe, bien grouppée, d'un bel effet, quoique l'accord en ſoit détruit par le temps. Il y a de fort belles têtes, ombrées de bon ton, & bien traitées.

Un Chriſt en croix. Quoiqu'il ſoit de *P. Veroneſe ,* il ne paroît pas fort beau ; cependant il y a des grouppes très-ingénieux , & de belles parties en détail.

On voit encore un tableau qui repréſente Jéſus conduit au calvaire , peint par *Alviſe del Friſo.* Ce morceau eſt beau : mais la couleur en eſt un peu olivâtre.

Dans la chapelle de Saint Jean-Baptiſte on voit

ce Saint prêchant : ce tableau eſt de *Paolo del Fiammingo.*

Le plafond eſt entiérement peint par *P. Vero-neſe.* On y voit au milieu l'Adoration des Mages, qui paroît être un tableau admirable ; la compo-ſition en eſt belle, ingénieuſe & bien grouppée ; elle eſt peu de plafond, mais d'un bel ëffet ; les étoffes ſont belles, & la richeſſe des ajuſtemens eſt magnifique ; la couleur en eſt fort belle.

Un tableau repréſentant un Saint qui paroît étonné à l'aſpect d'un homme qui ſort de deſſous un dais. Ce tableau eſt d'une compoſition admi-rable, très-piquante & bien de plafond ; il eſt excellent de couleur, de pinceau & d'exécution, ſurtout dans les linges & les étoffes. Les têtes ſont belles ; il eſt fort noirci.

On voit encore un tableau repréſentant deux Saints dans un payſage. Ce morceau eſt d'une belle compoſition, bien drapé ; les têtes ſont fort belles. Le payſage eſt broſſé avec la plus belle fa-cilité, & d'un *feuiller* large.

SESTIERE DI DORSO DURO.

S. Sebastiano. Cette églife eft peinte prefque toute entiere par *P. Veronefe* ; les plafonds de la facriftie font les premieres chofes qu'il ait faites à Venife. Il n'avoit pas alors plus de vingt-cinq ans: mais il étoit déja grand peintre. Ces plafonds repréfentent au milieu le Couronnement de la Vierge, & aux quatre compartimens les quatre Evangéliftes. Ces Evangéliftes font de la compofition & du raccourci le plus hardi, & d'une très-grande idée. La couleur en eft forte, & le pinceau large & gras. Les têtes ne font pas encore de ce beau caractere qu'il leur a donné depuis, & les plis des draperies ne font pas d'un choix ni fi beau, ni fi large.

Enfuite *P. Veronefe* fit les plafonds de l'églife en trois compartimens, dans l'ornement defquels il entre des enfans, des feftons de fleurs, & des figures de grifaille. Dans le premier plafond on voit *Efther* en préfence d'*Affuérus*, avec *Mardochée* ; dans le fecond, *Efther* couronnée ; dans le troifieme, le Triomphe de *Mardochée* conduit par *Aman*. Ces morceaux font très-beaux, bien compofés de plafond, quoiqu'ils ne faffent pas d'illufion, parce qu'il y a trop d'architecture. Ils

font un peu gâtés & noircis : mais on voit que ce
font de très-belles chofes.

Il peignit à frefque la voûte de la chapelle principale, qui depuis, étant gâtée, a été repeinte
par *Sébaftien Ricci.* Cet ouvrage n'eft pas excellent ; il eft trop doucereux, trop clair & drapé
mollement. Ce peintre n'a pas là fa force ordinaire.

On voit dans le chœur deux tableaux à frefque,
de *P. Veronefe*, dont l'un repréfente Saint Sébaftien devant le Tyran. Ce morceau a été repeint
à huile par *Sebaftiano Ricci :* il eft extrêmement
noirci, & n'eft pas de fon plus beau.

L'autre repréfente le Martyre du Saint, affom-
mé à coups de bâton : il eft prefque tout effacé,
furtout les ombres ne fe voient qu'à peine.

Il décora le pourtour de l'églife de colonnes,
de ftatues & autres ornemens à frefque, & y mit
en divers endroits des figures d'Apôtres, & une
Annonciation dans les parties de l'arc de la chapelle principale. Il y a de la force : cependant
cela n'eft pas de fon plus beau ; fes tableaux à
huile font de beaucoup fupérieurs.

Il fit quelque temps après, c'eft-à-dire, en
1560, le tableau du maître-autel, où l'on voit la
Vierge & l'Enfant Jéfus fur des nuages, & en bas
Saint Sébaftien, Sainte Catherine, Saint Jean-

Baptiſte, *Saint Pierre* & *Saint François.* Ce tableau eſt de la plus grande beauté, & peint d'un
beau fini ; le *Saint Sébaſtien* eſt, dans les chairs,
d'un fondu & d'un goût excellent ; la *Sainte Catherine* dans l'ombre éclairée de reflet, eſt d'une
couleur & d'une intelligence admirables ; il y a
des échappés de lumiere très-ingénieux, de belles maſſes, de belles couleurs, quoiqu'un peu
brunies par le temps ; un bel effet de lumiere, un
lieu magnifique, des têtes admirables, de belles
mains bien deſſinées, & enfin de belles étoffes
bien drapées.

P. Veroneſe fit enſuite les portes de l'orgue ;
ſur celles de dehors il peignit la Purification ; ſur
celles de dedans, le *Paralytique guéri.* Le premier
ſujet eſt d'une compoſition admirable ; l'horizon
eſt bas ; la Vierge y eſt pleine de graces, & ſa tête
eſt ſi fraîche, & d'une ſi belle couleur, qu'on la
croiroit repeinte ; les têtes en général ſont belles
& de caractere. Celui du paralytique eſt également
de la plus grande beauté.

Il y a du même peintre, à la droite du ſanctuaire, un grand tableau, où ſont repréſentés
Saint Marc & *Saint Marcellien* condamnés à
mort. On y voit les deux Saints deſcendant l'eſcalier du Préteur, rencontrés par leur pere, qui
les excite à changer, auſſi bien que leur mere,

femme âgée & furieuſe, qu'on voit près d'eux ;
Saint Sébaſtien les encourage. Ce tableau eſt excellent en tout, & particuliérement pour le génie
de la compoſition ; têtes parfaites, belles expreſſions, excepté la mere, dont le caractere eſt trop
bas ; le pere eſt admirable ; les épiſodes ſont ingénieux ; l'intelligence de lumiere eſt merveil-
leuſe.

Vis-à-vis on voit, du même, Saint Sébaſtien
lié, prêt à être martyriſé à coups de bâtons; pluſieurs Prêtres Payens tâchent de le perſuader. Ce
tableau eſt un peu plus gâté, & l'effet en eſt em-
brouillé & détruit, mais toujours plein de génie ;
il eſt grouppé admirablement avec des lumieres
raſſemblées, & de grandes maſſes d'ombres ; les
ciels ſont gâtés par le temps.

Il y a dans la même égliſe deux autres tableaux
d'autel, dont l'un eſt Notre-Seigneur en croix,
avec les Maries à ſes pieds. Il n'eſt pas du plus
excellent de *P. Veroneſe*, & n'eſt pas aſſez peint :
peut-être eſt-il effacé. La tête du Chriſt n'eſt
pas d'un beau caractere ; celle de la Magdeleine
eſt belle.

On y voit auſſi un tableau des derniers temps,
du *Tiziano* : il repréſente Saint Nicolas & un petit
Ange. La tête du Saint, quoique bien peinte &
belle, n'a pas de dignité : elle paroît le portrait

de quelqu'un qui avoit une phyſionomie commune & meſquine. Le petit Ange n'eſt pas beau : au reſte ce tableau eſt excellent & bien peint ; les mains du Saint ſont belles, & d'un *faire* très-libre.

On voit dans le réfectoire le Repas de Jéſus-Chriſt chez Simon le lépreux : c'eſt le ſecond tableau de ces ſortes de ſujets que *P. Veroneſe* a fait à Veniſe ; il le peignit en 1570. Ce tableau eſt excellent, & a de belles têtes : quoiqu'il ſoit un peu noirci, il ſe voit encore bien. On y trouve, comme dans preſque tous les morceaux de *P. Veroneſe*, des chiens & des chats : ici ils ſe battent.

A l'autre extrêmité du réfectoire eſt un tableau repréſentant Notre-Seigneur en l'air, avec Saint Sébaſtien & Saint Jérôme ; en bas on voit un payſage & pluſieurs Saints du même ordre : il eſt de *Carletto Veroneſe*, fils de *P. Veroneſe*, & il y a de bonnes choſes. On le croit retouché du pere.

EGLISE DES DOMINICAINS RÉFORMÉS, *appellés* GESUATI. L'égliſe a été réédifiée, & eſt d'une belle architecture.

Dans la premiere chapelle, à droite, ſe voit un tableau de *Tiepoletto*. Ce morceau eſt bien compoſé ; il y a des choſes très-gracieuſes, & des têtes agréables.

A gauche on voit un tableau de *Sébastiano Ricci*, de son dernier temps : la maniere est un peu mesquine.

Les portes de l'orgue étoient peintes par le *Tiziano* : mais elles n'y sont plus.

Un Christ en croix, du *Tintoretto*. Ce tableau est un de ses meilleurs ; il y a de belles têtes & des graces ; il est bien composé, bien grouppé & de bonne couleur.

Tous les plafonds sont du *Tiepoletto* : ils sont très-bien de plafond, de couleur belle dans les ombres, mais rouge dans les clairs, & maniérée.

Hôpital des Incurables. Le plafond ovale du milieu a été commencé par *Santo Péranda*, & terminé par *Francesco Maffëi*. Il y a du génie & une maniere facile.

Le plafond ovale, vers la grande porte, où l'on voit la parabole des Vierges sages & des Vierges folles, est du *Padouanino*. Il est bien composé d'effet & de grouppes, mais de maniere ronde & pesante.

Vers la chapelle principale on voit un tableau représentant l'Epoux qui vient aux nôces sans robe nuptiale : il est du *Prete Genovese*. La composition en est piquante, bien de plafond & de bon caractere de dessein. Il est d'un bel effet & d'une belle couleur : les ombres noircies le tachent cependant un peu.

Sainte Urſule avec les Vierges , du *Tintoretto* , mauvais.

Un tableau repréſentant Jéſus crucifié , avec la Vierge & Saint Jean , de *P. Veroneſe.* Il n'eſt pas excellent , quoiqu'il y ait de très - bonnes choſes.

Dans la ſacriſtie eſt un petit tableau de demi-figures, où l'on voit la Vierge , Saint Joſeph & la Magdeleine, d'*André Mantegna.* C'eſt une mauvaiſe antiquaille.

Lo Spirito Santo , Religieuſes. Il y a une Adoration des Rois, de *Carlo Loth.* C'eſt un bon tableau ; la couleur eſt rouſſe , dans le goût de *la Foſſe* , peintre François.

Un tableau repréſentant la Vierge , Saint Joſeph & Saint Antoine, de *Luca Giordano* , foible, quoiqu'il y ait de belles choſes. Il eſt peint de deux maſſes trop tranchées, & a trop peu de demi-teintes.

On y voit auſſi, d'*Antonio Belluci* , un Frappement du rocher , qui paroît beau.

Eglise dell' Umilta, Religi ...Saint Pierre & Saint Paul , de *G. Baſſano.* C'eſt un fort beau tableau, très–moëlleuſement & proprement peint;

la couleur eſt un peu griſe ; les têtes ſont belles ; les doigts des pieds ſont trop grands.

Les plafonds ſont de *P. Veroneſe*, & dans le milieu eſt l'Aſſomption de la Vierge. Ils ſont de belle compoſition, bien de plafond, mais noircis : on n'y voit que le ton général & la grandeur de la maniere.

Plus près de l'autel eſt l'Adoration des Bergers, tableau bien conſervé, admirable, malgré quelques incorrections de deſſein. La compoſition en eſt très-piquante & hardie.

On ne voit pas le troiſieme, qui eſt une Annonciation.

Santa Maria della Salute. On y voit un très-beau tableau, du *Cav. Liberi*, repréſentant Saint Antoine de Pade, avec Veniſe ſuppliante. Il eſt d'une maniere vague, large & mœlleuſe ; un peu indéciſe, dans le goût d'*Andrea Sacchi*, avec des tons de couleur excellens, & quelques têtes fort belles.

La Deſcente du Saint-Eſprit, du *Tiziano*. Ce tableau eſt beau, ſans être excellent ; il eſt d'une couleur ſale en général, & mal drapé. Il y a des vérités, mais peu de fineſſe.

Dans le plafond du maître-autel ſont trois ſujets de forme circulaire, de *G. Salviati*. Celui du milieu repréſente la Manne dans le déſert. Ce tableau eſt grandement compoſé, & d'une belle fureur de génie ; bien de plafond, d'un aſſez bon ton de couleur, mais mal drapé & de plis ronds.

Le ſecond eſt Habacuc porté par l'Ange au ſecours de Daniel.

Dans le troiſieme on voit l'Ange qui ſecourt Elie : les hanches de l'Ange ſont mal emmanchées. Ce morceau eſt très-beau & d'aſſez bon ton, un peu jaune & gris. Il y a des choſes bien deſſinées, & il eſt admirablement compoſé.

La Naiſſance de la Vierge, l'Aſſomption & un autre tableau où la Vierge monte les degrés du temple, ſont de *Luca Giordano.* Ces trois morceaux ont de beaux tons colorés, une belle harmonie & de petits enfans charmans ; les ombres ſont noires.

Dans le plafond de la grande coupole on voit un Pere éternel, avec des Anges, de *Girolamo Pellegrini.* Ce tableau eſt mauvais & rouge de couleur.

Dans la ſacriſtie on voit Aaron & Joſué, du *Salviati,* très-beau & de grand caractere, mais de couleur un peu morne.

En face des fenêtres il y a un tableau du *Tintoretto,* qui repréſente les Nôces de Cana. Il eſt bien compoſé, avec beaucoup de feu, & cependant aſſez ſagement ; les têtes ſont belles, & ont

beaucoup de caractere; les étoffes font mal peintes, les ombres fales & monotones; les demi-
teintes font belles & vraies, mais l'effet eft trop
égal.

Sur la grande porte eft la Cene de Jéfus-Chrift
avec les Apôtres, de *Salviati.* C'eft un morceau
bien compofé, gras de maniere, de bon ton de
couleur, & il y a de belles têtes.

En deux autres tableaux on voit David portant
la tête de Goliath; les femmes de Judée viennent
au devant de lui : ils font du même *Salviati,* mais
plus foibles & à demi-faits.

La *Madona* du Salut, par le *Padouanino.* Ce
tableau eft d'un pinceau doux & gracieux; les formes en font grandes.

Un tableau, où l'on voit en haut Saint Marc, &
en bas Saint Sébaftien, Saint Roch, Saint Côme
& Saint Damien, ouvrage des premiers temps du
Tiziano, d'une forte couleur, bien peint, moëlleux. Les têtes en font belles, quoique d'un ton
un peu rouge. Il y a de bons tons gris.

Dans le plafond font trois morceaux du même
Tiziano. Le premier repréfente le Meurtre d'Abel;
le fecond, le Sacrifice d'Abraham, & le troifieme,
David avec le Géant Goliath tué. Ces tableaux
font admirablement bien compofés, de grand caractere, bien deffinés & de grandes formes.

LA CARITA. On remarque dans cette églife la Réfurrection du Lazare, peinte par *Leandro Baf-fano*, & parfaitement confervée. Il y a quelques têtes affez belles, rien de fort précieux d'ailleurs ; les étoffes en font affez bien peintes, mais avec trop de petits plis : les demi-teintes font trop noires ; la maniere en général eft un peu dure.

SCUOLA GRANDE DELLA CARITA. Vis-à-vis l'autel eft un tableau repréfentant le Maffacre des Innocens, par *Sébaftien Ricci*. C'eft une affez belle compofition, mais il eft foible d'ailleurs.

TUTTI LI SANTI. Dans un Chrift au.tombeau, peint par *Giofeffo Enfo*, il y a des chofes gracieu-fes de couleur & de pinceau.

L'orgue de cette églife a été peint entiérement par *P. Veronefe*. Au dehors on voit l'Adoration des Mages. La compofition en eft belle, quoiqu'un peu embrouillée, parce que les figures du fond font noircies & tiennent avec les devants. Au dedans font les quatre Docteurs de l'églife ,. avec plufieurs Anges qui jouent des inftrumens, & quelques figures de grifaille. Au deffous eft un Pere éternel, avec de petits Anges. Il y a peu de maffes d'ombres : cependant les devants font re-flétés ; belles têtes , belles étoffes ; le coup d'œil général eft violâtre.

Un tableau repréfentant le Maffacre des Innocens, peint par le *Cav. Liberi*. Il eſt d'une belle & grande maniere, mais de couleur fauſſe & rouge jaunâtre, d'ailleurs incorrect : c'eſt néanmoins une compoſition pleine de goût.

Le tableau du grand autel, qui repréſente tous les Saints, eſt de *P. Veroneſe*. Ce morceau ne fait pas un grand effet, quoiqu'il ſoit bien conſervé, parce que les maſſes ne ſont pas aſſez grandes ; il eſt ingénieuſement compoſé, & admirable en tous ſes détails : belles têtes, belles étoffes, grouppes ingénieux, belle intelligence de lumiere ; les forces ſont derriere, & les devants reflétés.

On voit enſuite une Annonciation, & deux figures qui repréſentent la Foi & l'Eſpérance, d'*Andrea Vicentino*, d'aſſez large maniere.

Deux tableaux du même, dont l'un repréſente les Nôces de Cana, & l'autre, l'Entrée dans Jéruſalem. Ils ſont mauvais.

La Madonna de' Carmini. Dans le ſecond tableau, à gauche, Saint Libéral délivre miraculeuſement deux perſonnes condamnées à la mort : il eſt du *Padouanino*. Ce tableau eſt d'un pinceau très-moëlleux & tendre ; la couleur en eſt bonne : d'ailleurs il n'y a rien d'excellent.

S. Pantaleone. Tout le plafond de l'égliſe, & pluſieurs autres tableaux, ſont d'*Antonio Fu-*

miani, peintre d'un génie furieux & de grand caractere, mais d'une incorrection excessive, & de peu d'effet de lumiere.

S. Nicolo da Tolentino. Le portail de cette église est beau, d'un seul ordre, & grand.

Dans la troisieme chapelle on voit un tableau représentant le Martyre de Sainte Cécile, de *Camillo Proccacino*. Il a quelques beautés, & est assez bien dessiné.

Un Saint Laurent donnant les biens de l'église aux pauvres, du *Prete Genovese*. Ce tableau est excellent, de couleur très-belle, de grande maniere, d'un beau pinceau, dessiné de grand goût, & avec caractere.

A gauche du maître-autel est une Annonciation, de *Luca Giordano*. Ce tableau n'est pas excellent, & est d'un ton trop bleuâtre.

Un Saint Jérôme, de *Gio. Lis*. La couleur est un peu maniérée & rousse : d'ailleurs ce morceau est de belle maniere, large, d'un beau pinceau, & plein de goût.

Dans la chapelle de la maison *Pisani* on voit trois tableaux du *Proccacino*. Celui surtout où Saint Charles est à pied sur la mer, est très-beau; les têtes sont belles & bien dessinées, les draperies d'un beau choix, & peintes nettement : il est bien conservé; la couleur en est vive & agréable.

Celui

Celui vis-à-vis eſt encore beau, quoique moindre.

Santa Maria Maggiore. A gauche, entre
l'orgue & la fenêtre, ſont peints quelques enfans
tenant des ſymboles de la Sainte Vierge : ils ſont
d'*Aleſſandro Varottari*, & paroiſſent foibles.

Du même peintre il y a dans cette égliſe un tableau d'un miracle de la Sainte Vierge, où l'on
voit un homme à genoux. Ce morceau eſt foible :
il y a cependant du mérite, & la maniere en eſt
grande.

Le grand tableau au deſſus de la porte eſt encore du même *Varottari* : c'eſt un Miracle de la
Vierge. Il repréſente une femme qui accouche
dans la mer. Il eſt bien compoſé, bien grouppé,
& ſur un plan ingénieux ; d'un bel effet, de grandes maſſes d'ombres & de lumiere, & d'un bon ton
de couleur en général. Les têtes ſont aſſez belles :
mais il eſt un peu rond & incorrect de deſſein.

On voit encore du même la Vierge en l'air, &
un Saint Diacre en bas. Ce tableau eſt très-moëlleuſement peint.

Un tableau repréſentant la Vierge & pluſieurs
Anges, Saint François, Saint Pierre, Sainte Claire,
Saint André & Saint Jacques, peint par *Bonifazio*.
Toutes les têtes en ſont belles ; la couleur & le
pinceau ſont très-bons.

Tome III, Part. V. G

Le grand tableau de la déroute des *Camotefi*, peint par *Varottari*, eſt fort bon. Il y a pluſieurs belles têtes, & il eſt très-bien peint. Il ſemble qu'il ſoit un peu trop fondu & trop adouci.

Au maître-autel on voit l'Aſſomption de la Vierge, de *P. Veroneſe*. Ce tableau eſt noirci en pluſieurs endroits. Ce qui s'en voit bien, comme le grouppe de la Vierge, eſt très-beau, ingénieuſement grouppé, & de la plus belle couleur ; les têtes ſont d'une grande beauté ; la draperie blanche de la figure ſur le devant, eſt d'une fraîcheur de couleur, & d'une beauté de pinceau admirable. Il y a une figure mal coupée dans le coin, & qui n'a point de tête.

L'Annonciation, du *Palma*. Ce tableau eſt très-beau, de maniere large & grande.

Saint Joachim chaſſé du temple, parce qu'il n'avoit point de poſtérité, du *Tintoretto*. La compoſition eſt d'un feu très-grand, mais exceſſif, & avec trop d'action dans les figures. La diſtribution des maſſes de lumieres & d'ombres eſt belle, & les grouppes ingénieux : mais la perſpective en eſt déſagréable. Ce ſont des coloſſes ſur le devant, & de fort petites figures enſuite, par une dégradation outrée : au reſte il n'y a rien de fort beau en détail.

Le Mariage de la Vierge, peint par *Domenico*

Tintoretto. Il y a d'assez bonnes choses dans ce tableau, & quelques têtes bien peintes.

L'Adoration des Rois, de *G. Tintoretto.* Ce peintre est toujours ingénieux. Les figures de ce tableau sont bien grouppées ; il y a des lumieres & des masses d'ombres grandes & bien distribuées, plusieurs têtes belles & d'une grande facilité de pinceau.

Saint Jean-Baptiste, du *Tiziano.* Ce morceau est excellemment dessiné, quoique l'ensemble n'en soit pas élégant ; belles têtes, belles mains, fines & vraies ; belles jambes ; les vérités de la chair y sont peintes & rendues d'une maniere admirable. Le paysage est bien touché ; les lumieres de la chair sont jaunies.

Trois tableaux des Miracles de la Vierge, du *Ponzone,* & une figure de clair-obscur, de *Rufchi.* La maniere en est très-large ; il y a quelques têtes fort belles, & ils sont d'un pinceau moëlleux.

L'Arche de Noé, de *Giacomo Bassano.* Les animaux sont très-bien, d'un pinceau gras, & qui en rend bien le caractere. Les figures, en petit nombre, sont bien touchées & de belle couleur. Ce tableau fait peu d'effet ; il n'y a point de grandes masses d'ombre, ni de lumiere : il est cependant très-beau.

CHIESA DELLE CITELLE. Un tableau où l'on voit la Vierge, Saint François & un Sénateur, d'*Antonio Alienfe* : il eft affez mauvais.

La Préfentation de la Vierge, de *Francefco Baffano*, d'une compofition affez belle & ingénieufe. Le fujet eft dans le fond ; il eft bien confervé : les têtes font gracieufes, fines & naïves; il eft proprement peint ; les chairs font d'une couleur tendre, fraîche & très-agréable ; le pinceau en eft aimable & fondu ; les maffes de lumieres font bien diftribuées, avec de grandes parties d'ombres pour faire de l'effet: il en fait cependant peu par la monotonie des ombres, qui ont un coup d'œil général olivâtre. L'horizon eft très-haut.

Notre-Seigneur au jardin des olives, par le *Palma*. Ce tableau eft d'un pinceau pefant & flou; la couleur eft fans agrément.

Sur la porte on voit un tableau repréfentant la Naiffance de la Vierge, de *Pietro Ricchi* : il eft affez mauvais.

CHIESA DEL REDEMTORE. Peres Capucins. Il y a une Afcenfion, du *Tintoretto*. Ce tableau eft bon, quoique noirci; les ombres font trop violettes.

Une Réfurrection, de *Francefco Baffano*. Ce tableau eft bon, mais monotone & violâtre.

Une Defcente de croix, du *Palma*. Ce morceau eſt bien compoſé , mais peſant & de maniere ronde. Il y a de bonnes têtes.

La Flagellation , du *Tintoretto.* Ce tableau eſt foible & de couleur ſale.

Le Baptême de Jéſus-Chriſt, commencé par *P. Veroneſe ,* & fini par ſon fils. Il eſt foible ; il y a quelques belles têtes ; l'Ange à droite eſt bon.

La Nativité de la Vierge, de *Franceſco Baſ-ſano.* Ce tableau eſt bon ; il y a des choſes d'une vérité naïve ; la couleur en eſt ſale & d'un noir violet.

Un tableau de la Vierge qui préſente l'Enfant Jéſus & Saint Felix , de *Pietro Vecchia.* Sa maniere eſt large , mais foible d'ailleurs.

Saint François avec un Ange, de *Carlo Saraceni.* La maniere en eſt ferme.

Un tableau repréſentant la Vierge , Saint Jérô-me , Saint Anne , Saint François & Sainte Cathe-rine , du *Palma :* il eſt bon.

Un autre , repréſentant la Vierge les mains jointes , l'Enfant Jéſus dormant , deux Anges jouant des inſtrumens , de *Gio. Bellino :* il eſt mauvais.

Du même *Bellino ,* un petit tableau , où l'on voit la Vierge tenant l'Enfant Jéſus dans ſes bras. Il eſt beau , & il a beaucoup de graces.

Un Baptême de Jéſus-Chriſt , de *P. Veroneſe.* Ce tableau eſt très-beau. G iij

S. Giacomo. Religieux Servites. Dans le réfectoire il y a un grand tableau du repas de Notre-Seigneur chez le Lévite, peint par *Benedetto*, & par *Carletto Calliari*. Ce tableau est d'une belle composition, mais de figures qui paroissent presque toutes prises de *P. Veronese*, aussi bien que les têtes qui, pour la plûpart, semblent copiées d'après lui. Elles sont d'un beau caractere, mais peintes avec froideur & pesanteur. Il n'y en a qu'un petit nombre qui soient de bonne couleur & d'un pinceau facile. Il y a un chien qui est bien traité. La plûpart des draperies sont peintes séchement, & le coloris n'a presque point de fraîcheur.

Les tableaux du plafond, représentant l'Annonciation, l'Assomption & la Visitation, passent pour être en partie de *P. Veronese*, & en partie de ses éleves: mais il n'y a presque rien qui soit digne de ce grand peintre, que la composition, qui est ingénieuse, & quelques têtes. En général ces tableaux sont fort médiocres.

S. Eufemia. L'Assomption, la Manne dans le désert, & plusieurs autres tableaux qu'on voit dans cette église, sont des éleves & des successeurs de *P. Veronese*. Il y a de bonnes choses & des têtes assez belles.

SS. Cosmo e Damiano. En entrant, à gauche,

dans cette églife, on voit un grand tableau de *Sebaftiano Ricci*, qui repréfente Moïfe frappant le rocher. C'eft une grande & magnifique compofition, d'une belle couleur, fraîche, hardie, mais maniérée : on y voit des ombres reflétées de rouge prefque pur. Ce morceau fait un grand effet, & eft deffiné avec beaucoup de goût. Les tableaux de ce maître font dignes d'admiration : mais l'imitation en pourroit être dangereufe.

On voit dans cette églife, du même *Sebaftiano Ricci*, le Triomphe de l'arche, grand tableau du plus grand effet, d'une belle fureur de génie, plein de goût, & d'une compofition bien agencée.

Salomon qui parle au peuple, tableau du même peintre, toujours d'un génie riche, mais un peu confus & de peu d'effet par trop de trous noirs.

La Vierge, Sainte Cécile, Saint Théodore, Sainte Marine, Saint Côme & Saint Damien, du *Tintoretto*. Ce tableau eft foible & fec.

On y voit auffi un Chrift en croix, peint par le *Tintoretto*.

Le tableau du maître-autel, où l'on voit la Vierge en haut, & en bas Saint Benoît, Saint Sébaftien & Saint François, eft du *Palma*. La maniere en eft belle & grande.

Un Sacrifice de l'ancienne loi, peint par *An-*

tonio Molinari. Il eſt d'une maniere belle & large; la couleur en eſt trop rouge.

Les Vendeurs chaſſés du temple, d'*Angelo Treviſani.* Ce morceau eſt fort bon. Cet auteur eſt moins peintre que le *Ricci*, & d'une maniere plus meſquine & plus affectée.

La Multiplication des pains & des poiſſons, de *Giov. Battiſta Pittoni.* Ce tableau eſt de bonne maniere, & de deux maſſes, mais qui ne ſont pas aſſez liées. La couleur en eſt trop belle, c'eſt-à-dire, maniérée, & il y a trop de vuide dans la compoſition.

Le Martyre d'un Saint, peint par le *Cavaliere Liberi.* Les chairs en ſont trop rouges.

SESTIERE DI CANAREGGIO.

S. Giovan' Crisostomo. On voit dans cette égliſe la Cene peinte par *Bartholomeo Litterini.* C'eſt un tableau de bonne couleur & de bon ton, mais un peu roux; les têtes en ſont aſſez belles, & il eſt compoſé aſſez richement. On voit quelques figures ſur le devant, qui ſont lourdes & mal deſſinées.

Un tableau de *Giov. Bellino*, repréſentant Saint Jérôme, Saint Chriſtophe & Saint Louis. Il y a des têtes aſſez bien rendues.

La Mort de Saint Joseph, tableau peint par *Carlo Loth*. Il est fort beau , quoique très-noirci; d'une belle couleur, bien composé, & bien dessiné. Il y a de la vérité, de bonnes têtes & de l'expression.

S. MARIA NUOVA. On y voit un Saint Jérôme dans le désert : c'est un des derniers ouvrages du *Tiziano*. Ce tableau a encore de grandes beautés ; il y a des détails rendus d'une maniere large & grasse ; il est dessiné avec caractere & vérité ; la couleur en est bonne, mais elle est un peu salie.

EGLISE DES JÉSUITES. On y admire le fameux tableau du Martyre de Saint Laurent , par le *Tiziano*. C'est un effet de nuit ; il est bien dessiné , de grand caractere & d'un pinceau très-large, avec de belles têtes & de belles mains , une composition bien grouppée , dont le fond d'architecture est très-riche. Ce morceau est singulier pour l'idée : au reste il est tellement noirci, qu'on ne le voit presque point. La couleur en est devenue d'un noir violâtre & sale presque partout.

A côté il y a un tableau, où est représenté le Jugement de Salomon , peint dans la maniere de *Luca Giordano*. Il est fort beau , mais noirci.

L'Assomption de la Vierge , peinte par le *Tintoretto*. C'est une composition très-ingénieuse & pleine d'action, avec de beaux tons de couleur ;

l'effet en est cependant détruit par quantité de choses noircies : du reste ce tableau est assez bien conservé.

Le plafond à fresque, au dessus du maître-autel, étoit de *Louis Dorigni*, peintre François. Il n'y est plus.

On voit encore dans cette église Saint François Xavier prêchant. C'est un très-beau tableau du *Cavaliere Liberi*, d'un pinceau vaporeux, d'une couleur belle & variée, & fait avec beaucoup de goût.

Dans la sacristie, à gauche, est un tableau représentant la Circoncision de Notre-Seigneur, peint par le *Tintoretto*. La composition en est belle, ingénieuse & noble ; l'horizon est bas, contre son usage ordinaire. Il y a une belle intelligence de lumiere ; le pinceau en est facile & large ; les têtes sont frappées avec esprit.

Sur la porte du milieu est placée la Nativité de Jésus-Christ, de *P. Veronese*. Ce tableau est d'une composition pittoresque & bien grouppé ; l'Enfant & la Vierge sont d'une couleur, d'une beauté & d'une vérité admirables ; les ombres des chairs sont d'un gris frais & tendre, qui est merveilleux ; les demi-teintes vermeilles sont d'une grande beauté, & l'effet de lumiere est admirable ; tous les devants sont reflétés, & la plus grande force

eſt au ſecond plan. Ce morceau eſt bien conſervé.

Au troiſieme autel, à droite dans l'égliſe, on
voit une Vierge remettant ſon enfant à un Jéſuite ; en bas, quelques Jéſuites. Ce tableau eſt
aſſez bon, mais d'une couleur maniérée : il paroît
moderne.

S. Catterina. Religieuſes. Le tableau du maître-autel de cette égliſe repréſente le Mariage de
Sainte Catherine. Ce morceau eſt de *P. Veroneſe*;
il eſt admirable, bien conſervé & très-frais de
couleur ; la compoſition en eſt bien grouppée,
ingénieuſe & naturelle ; les lumieres ſont bien
raſſemblées ; toutes les têtes en ſont admirables,
ſurtout celle de Sainte Catherine, qui eſt d'une
couleur tendre, & du plus gracieux caractere ; les
étoffes ſont bien peintes. Ce tableau eſt correct
de deſſein, fort vrai & ſimple ; il eſt digne d'admiration, & toutes les parties de la peinture y
ſont au plus haut degré : la tête de la Vierge
paroît trop âgée.

Dans les côtés de la chapelle il y a ſix tableaux
faits par le *Tintoretto*, dans ſa jeuneſſe : ce ſont
des ſujets de la vie de Sainte Catherine. Il y a du
génie & du feu : ils ſont foibles d'ailleurs.

SS. Apostoli. A la chapelle principale de cette
égliſe on voit un tableau, dont le ſujet eſt la

Manne dans le défert. Il fut commencé par *P.* *Veronefe*, & fini par fes fucceffeurs : il eft noirci & foible d'ailleurs.

La Cene, peinte par *Cefare da Conegliano.* Ce morceau eft d'un fort bon ton, & il a de la couleur : mais les détails n'en font pas d'une grande beauté.

A gauche & à droite de cette chapelle font deux tableaux, dont l'un eft dans une maniere qui reffemble à celle de *Piazzetta*, & a du mérite & de la fermeté.

L'autre, qui repréfente un Prêtre ramaffant quelque chofe au pied de l'autel, a du moëlleux, & eft d'un bon ton.

Santa Soffia. Le tableau du maître-autel de cette églife repréfente la Prédication de Jéfus-Chrift : il eft de *Leandro Baffano.* Il y a de bonnes chofes, & il eft affez bien fini. Il fait toujours nuit dans les tableaux de ce maître.

La Cene, de *P. Veronefe.* Ce tableau eft admirable, bien compofé, avec un beau mouvement, d'une couleur forte & grenue ; les têtes font d'une grande beauté & d'une grande vérité ; les mains bien deffinées, & avec les plus belles vérités de détail & de ton. Le broffis du pinceau eft large & gras. Il eft plus fale par le manque de foin, que gâté par le temps.

S. Felice. Au maître-autel est un tableau du *Passignano*, où l'on voit Jésus-Christ, Saint Felix & deux portraits. Les têtes de portrait sont bien peintes & vraies.

A droite de la chapelle on voit deux tableaux du *Tintoretto* : l'un est la Priere au jardin des olives ; l'autre, la Cene. Il y a une belle fureur de génie, & quelques belles têtes.

Sur les fenêtres est placé un tableau du *Tinto-retto*, représentant l'Annonciation : il paroît fort beau, mais on le voit mal.

A l'autel de Saint Démétrius est un tableau, où l'on voit ce Saint armé, & un portrait : on le dit du *Tintoretto*, mais il est très-mauvais.

Sur la grande porte on voit les Vendeurs chassés du temple, de *Silvestro Manaigo*. Il est assez bien dessiné ; la couleur en est plate.

Sur la porte, à gauche, est la Piscine miracu-leuse, de *Pietro Roselli*. Il est assez bien composé ; sa couleur est maniérée.

Scuola grande della Misericordia. Dans l'église souterreine est un tableau d'autel, où l'on voit la Vierge qui reçoit plusieurs confreres sous son manteau. On le dit de *P. Veronese*, & res-tauré par le *Padouanino* : mais ce n'est du beau, ni de l'un, ni de l'autre.

Sur l'escalier, à gauche, est placé un tableau

de *Paolo Pagano* : il repréfente une des Œuvres de miféricorde, celle de *vétir ceux qui font nus.* Il eft de bonne maniere ; les lumieres en font larges ; il eft defliné avec goût, & affez bien compofé.

Un Frappement du rocher, de *Pellegrini.* Ce tableau eft affez mauvais.

Le Maffacre des Innocens, peint par *Antonio Zanchi,* affez bien compofé, d'une maniere grande & large, mais foible d'ailleurs.

On voit enfuite deux autres Œuvres de miféri-corde, *vifiter les prifonniers,* de *Francefco Pittoni,* & *loger les pélerins,* de *Bambini.* Ces morceaux ont du génie, & rien de plus.

Il y a auffi plufieurs tableaux de *Domenico Tin-toretto.* Ils font mauvais.

SANTA MARIA DEL'ORTO. En entrant dans l'é-glife, à gauche, il y a un tableau d'autel, où l'on voit Saint Laurent, Martyr, Saint Grégoire, Pape, & Saint Laurent *Juftiniani.* Ce tableau eft du vieux *Palma* ; il eft vanté, & n'eft cependant pas beau.

Dans la chapelle de la maifon *Contarini* eft un tableau du *Tintoretto,* où l'on voit Sainte Agnès qui prie pour le fils du Préfet. Il eft affez bien compofé, quoique confus, & il y a quelques têtes paffables.

A l'autel de la maison *Reniera* on voit un tableau du *Pordenone*, où est Saint Laurent *Justiniani*, Saint Jean-Baptiste, Saint François & Saint Augustin. Il est d'assez grande maniere, & a quelques têtes qui ont de la vérité : mais il est de mauvaise couleur, & mal dessiné.

Deux grands tableaux du *Tintoretto*, dont l'un représente le Jugement universel, & est d'une assez mauvaise composition, quoiqu'il y ait quelques figures ingénieusement tournées ; la couleur est désagréable, & ne paroît qu'une grisaille de bistre.

L'autre est l'Adoration du veau d'or : c'est une assez belle machine de composition, ingénieuse & pleine de feu. L'horizon en est haut, comme il est assez ordinaire à ce maître ; le caractere du dessein est assez grand : du reste il est d'une couleur maussade.

On voit quatre figures de Vertus dans quatre niches, du même peintre. Celles du milieu & de la droite paroissent belles & de grande maniere.

Les portes de l'orgue représentent au dehors la Présentation de la Vierge, & au dedans, d'un côté, Saint Pierre qui regarde la croix, & de l'autre, la Décollation de Saint Christophe. Ces tableaux sont fort beaux, bien conservés, de bonne couleur, & d'un *faire* très-large : ils sont du *Tintoretto.*

Le Martyre de Saint Laurent, de *Daniel Wandick.* On ne sçait si c'est celui de Flandres : mais cela est fort dans sa maniere, & il y a du mérite ; cependant la couleur ne paroît pas si belle.

Scuola de' Mercanti. Le tableau d'autel de la premiere chambre, où est une Vierge sur les nuages, & Saint Christophe, est du *Tintoretto.* Il n'y a guere de bon que la figure du Saint, dont la tête surtout est belle & bien traitée de reflet.

Une douzaine de tableaux de la vie de ce Saint, qui entourent ce lieu, sont de *Domenico Tintoretto.* Ils sont composés d'une belle maniere, & les figures en sont grandes.

Ceux d'auprès de l'autel, du même, sont d'un pinceau assez large : mais il n'y a rien de fort beau en détail.

Les plafonds en quinze compartimens sont du même *D. Tintoretto*, excepté les quatre Evangélistes, & sont assez mauvais.

Dans la salle d'en haut, à gauche, on voit l'Adoration des Mages, de *Domenico Tintoretto.* Ce tableau est extrêmement bien conservé ; la Vierge est jolie, assez noble de composition, & assez bien peinte ; les têtes sont mauvaises pour la plûpart ; le fond & les petites figures y sont très-bien traitées.

La

La Circoncifion , de l'*Alienfe* , & trois portraits qui font au deffus, peints par *Domenico Tintoretto*, fort médiocres : cependant ils font affez bien compofés.

Le tableau de l'Ange qui apparoît à Saint Jofeph , eft du même *Tintoretto* , & affez bon.

Prefque tous les tableaux qu'on voit dans ce lieu, font de *Domenico Tintoretto* ou de l'*Alienfe*. Ils ont tous du génie & de la facilité , mais peu de bonnes chofes d'ailleurs.

La Naiffance de la Vierge, de *Benedetto Caliari*, frere de *P. Veronefe*. La compofition eft imitée de *P. Veronefe* , & affez bien agencée : mais le *faire* en eft plus pefant. Il y a de belles têtes , bien peintes ; la couleur eft médiocre & fans fraîcheur: c'eft cependant un bon tableau.

Sur la porte , on voit une Annonciation , de *P. Veronefe*. C'eft un fort beau tableau, où il y a de belles têtes , beaucoup de graces & de belles draperies bien ajuftées ; la couleur eft grife & foible, apparemment parce qu'elle eft évaporée.

Santa Maria delli Servi. Il y a dans cette églife un tableau de *Leonardo Corona* , repréfentant Saint Onuphre , Saint Jacques , &c. Ce morceau a des beautés; la tête de femme eft belle, & la couleur a du bon. Il y a des chofes deffinées avec facilité & de bon caractere.

Tome III, Part. V.　　　　　　　H

A l'autel des Reliques, les petites portes font peintes par *Bonifacio* , & repréfentent un Chrift avec les Apôtres. Il y a de très-belles têtes.

Sur la porte qui conduit au premier cloître, on voit la Vierge, Saint Auguftin & Sainte Anne, avec un petit Ange au bas, de *Benedetto Diana.* C'eft une antiquaille.

L'Affomption , de *Giufeppe Salviati.* C'eft un fort bon tableau ; les têtes paroiffent de grand caractere ; la maniere en eft grande, & il eft de bonne couleur.

Jéfus-Chrift au jardin des olives , de *Leonardo Simel.* Il y a du feu de génie, & une maniere grande : mais il eft foible d'ailleurs.

Le Crucifiement , de *Sebaftiano Mazzoni.* Il y a du mérite dans le *faire* & dans les détails de ce tableau ; la couleur eft maniérée , & fa compofition ridiculement difperfée.

Le tableau où l'on voit une Vierge dans une Gloire , & plufieurs Saints Religieux en bas, eft de *Francefco Polazzi.* Il y a du mérite ; la couleur en eft maniérée , & d'un ton rouge vermeil ; la maniere en général en eft un peu petite.

Un Chrift defcendu de la croix, les Maries & un Saint Religieux, avec un fond de payfage, de *Rocco Marconi.* C'eft une maniere ancienne : cependant elle a quelque grandeur ; les têtes ont de la vérité, & un caractere grand. Ce tableau a de fort belles choses, & le payfage eft bien compofé.

Un tableau repréfentant la Vierge, Saint François, Saint Jean-Baptifte, & le portrait d'un Religieux, d'*Aleffandro Varottari.* Il eft foible, & d'un pinceau trop fondu : mais il y a de fort belles têtes & de beaux caracteres.

S. MARTIALE, dit S. MARCILIAN. Le premier tableau en entrant dans cette églife, eft de *Bartholomeo Litterini* : on y voit la Sainte Trinité, la Vierge & plufieurs Religieux Trinitaires. Il a du mérite : mais la maniere en eft petite, & la couleur grife.

La Mort de Saint Jofeph, *d'Antonio Baleftra.* Ce tableau eft bien deffiné, bien peint, & il y a de beaux tons, quoiqu'un peu maniérés. Les têtes font belles, excepté celle de la Vierge : la Gloire eft d'un affez beau ton.

La Réfurrection, par *Antonio Alienfe.* Il y a de fort belles chofes ; la compofition en eft ingénieufe.

Le Crucifiement, par le *Cavaliere Paffignano.* C'eft une machine de compofition fort belle.

Au plafond, on voit un tableau repréfentant le Pere éternel, & une Gloire d'Anges, de *Sebaftiano Ricci.* Il eft d'une couleur trop rouffe.

H ij

Un tableau, où l'on voit Saint Pierre, Saint Paul & Saint Martial, de *Giacopo Tintoretto.* Les têtes & les mains des deux Saints d'en bas, font bien deſſinées, & de très-grand caractere. L'Evêque n'eſt pas bien drapé : c'eſt d'ailleurs un très-beau morceau.

Les plafonds, dont l'un repréſente l'Arrivée de l'Image miraculeuſe de Saint Martial, & les autres, le Martyre & la Gloire de ce Saint, font de *Sebaſtiano Ricci,* & d'un meilleur ton : les ombres cependant font un peu trop tranſparentes en beaucoup d'endroits. Au reſte ils font bien de plafond & bien compoſés.

Dans la ſacriſtie, on voit un tableau du *Tiziano,* repréſentant Tobie & l'Ange. C'eſt un excellent morceau, deſſiné d'une maniere grande, ſimple, naïve & extrêmement vraie, avec de belles têtes, d'un beau caractere. Il eſt excellemment peint ; la couleur en eſt jaunie.

SS. ERMAGORA & FORTUNATO, dit S. MARCUOLA. Il y a dans cette égliſe deux tableaux du *Tintoretto* : le ſujet de l'un eſt la Cene ; celui de l'autre eſt Sainte Hélene. Ces deux tableaux ont des beautés, ſans être du plus beau de ce maître ; la compoſition en eſt trop diſperſée. Il paroît que les draperies en font bien peintes, de couleur forte & belle ; les têtes paroiſſent aſſez belles & de beau caractere.

L'Enfant Jésus, Saint André & Sainte Catherine, du *Tiziano*. Ce tableau est presque tout-à-fait perdu.

CARMELITANI SCALZI, ou l'Eglise des Carmes déchauffés. On y remarque deux tableaux, du *Cavaliere Bambini*, représentant des Miracles de Sainte Thérese. Dans l'un, la Sainte s'apprêtant à communier : l'hostie s'échappe des mains du prêtre, & vole sur la langue de la Sainte. Dans l'autre, Saint Joseph sauve la Sainte & ses compagnes d'un précipice, où leur carroffe étoit tombé. Ils sont de bon ton & harmonieux : mais il n'y a point de fineffe, & la maniere en est pesante.

Le plafond à fresque, représentant Sainte Thérese dans la Gloire, est de *Giovan. Battista Tiepolo*. La maniere en est bonne : mais la couleur est dure, maniérée & monotone, & les ombres font trop égales.

Le plafond à fresque de la chapelle de la *Cafa Moro*, représente le Pere éternel avec des Anges, & est du *Cavaliere Liberi*. Il femble que ce soit un camayeux rouge : d'ailleurs il est mal deffiné.

Dans le chœur est Sainte Thérese, peinte par le *Cavaliere Cairo*. Il y a de l'expreffion, des légéretés de couleur agréables & bonnes, mais peu de correction.

Vis-à-vis on voit un tableau, au haut duquel est la Vierge, & en bas plusieurs Saints Religieux, Saint François d'Assise, & une Femme avec un Enfant. Il est de *Michel Sobleau*; assez juste de formes, de maniere assez grande, & d'assez bon ton. Il y a des graces dans quelques têtes.

La Maison de Lorette, portée par les Anges, plafond de *Tiepolo*. Il est d'un bon effet, bien composé, d'une couleur très-agréable, avec des tons charmans dans les chairs ombrées: mais en général la couleur en est fausse & trop parée; il est dur & sec, & les ombres des chairs manquent de force.

EGLISE DE SAINTE LUCIE. Deux tableaux, dont l'un représente Saint Charles, & l'autre Sainte Claire: ils sont du *Palma*, & très-mauvais.

La Madonna del Parto. Ce tableau est du même, & foible; l'Enfant est assez bien.

L'orgue représente au dehors l'Annonciation, & en dedans Saint Augustin & Sainte Lucie: il a été peint aussi par le *Palma*. Il est meilleur & d'assez bonne maniere.

Le Pere éternel, Saint Joachim, Sainte Anne, du même peintre. Ce tableau est foible.

Dans la chapelle de Sainte Lucie, il y a un tableau du même *Palma*, assez bon. On y voit des enfans assez bien tournés.

EGLISE DU CORPUS DOMINI. On y voit Saint Dominique qui jette ſes livres au feu, de *Sebaſtiano Ricci.* C'eſt un tableau gracieux, & il y a des fineſſes: mais la maniere en eſt un peu meſquine; les touches ſont maigres, & les ombres des blancs trop tranſparentes; le ton général eſt roux.

Un tableau repréſentant la Vierge & Saint Pie, du *Fumiani.* Ce morceau a quelque choſe de fort gracieux.

Un autre tableau repréſentant la Vierge qui apparoît à la mort de Saint Dominique, du même *Fumiani.* Il eſt bien compoſé & bien grouppé.

Un Chriſt mort, & les Saintes Femmes, du *Salviati.* Ce tableau eſt gris; il y a quelques tons aſſez beaux, & il eſt de grande maniere.

Un tableau en deux compartimens. Dans l'un, on voit la Communion des Apôtres; dans l'autre, le lieu de la Cene que les Apôtres préparent: ce morceau eſt de *Sebaſtiano Ricci.* Il eſt très-bien compoſé, agréable & de bon ton; les ombres des chairs ſont un peu rouges, & ſouvent trop tranſparentes.

Deux tableaux aux deux côtés de la grande porte, dont l'un repréſente un Miracle de Saint Dominique, & eſt du *Lazarini.* Quoique foible, il y a quelque choſe de large dans la maniere de ce tableau.

L'autre, repréſentant *Saint Dominique*, eſt de *Francefco Pittoni.* Il eſt mauvais.

Un tableau, où l'on voit l'Arche de l'ancien Teſtament : il eſt d'*Antonio Molinari*, très-foible, deſſiné rond & mou.

SESTIERE DELLA CROCE.

LA CROCE, égliſe de Religieuſes. Les tableaux qu'on y voit, ſont mauvais ou médiocres, excepté un de *Leandro Baſſano*, où eſt la Vierge, Notre-Seigneur, Saint Jérôme & un Sénateur Vénitien ; le Saint Jérôme eſt beau & bien peint, mais les draperies de la Vierge ſont traitées en écolier.

EGLISE DE S. ANDREA. Religieuſes. A la principale chapelle ſont deux tableaux de *Domenico Tintoretto*, dont l'un, qui repréſente la Cene, eſt mal grouppé.

L'autre, où l'on voit la Paſſion de Jéſus-Chriſt, eſt médiocre en général (1).

Le plafond, où l'on voit Saint André dans la Gloire, eſt de *Santo Piatti.* Il eſt tout jaune & mal deſſiné.

Saint Jérôme dans le déſert, tableau de *P.*

_____

(1) Les tableaux de ce Dominique Tintoret ſont très-inférieurs à ceux de Jacques Tintoret.

Veronese, beau, bien conservé, d'une belle exécution dans toutes ses parties ; la couleur en est grise, & n'a point les fraîcheurs ordinaires à ce maître : le paysage en est fort beau & bien brossé.

EGLISE DE S. GIACOMO DALL' ORIO. Dans la chapelle Saint Laurent, *il y a un tableau*, où l'on voit ce Saint avec Saint Jérôme & Saint Nicolas, de *P. Veronese*. Il est noir, & si mal en jour, qu'on n'y voit rien. Aux côtés de la chapelle sont deux sujets de la vie de Saint Laurent, peints par le *Palma*. Il y a de belles choses ; le *faire* en est pesant.

La Sacristie est toute peinte par le *Palma*, en huit morceaux. Le pinceau en est assez gras : d'ailleurs ils sont mauvais.

Dans la chapelle, à droite du maître-autel, on voit la Naissance de Jésus-Christ, du *Lazarini*. Ce tableau paroît beau, quoiqu'on ait peine à le voir.

Deux tableaux de *Francesco Bassano*. Dans l'un est la Vierge, quelques Anges & Saint Jean-Baptiste ; dans l'autre, Saint Jean qui prêche dans le désert. Il y a des têtes d'Anges d'une couleur très-belle, & d'une naïveté charmante.

On voit dans la chapelle du Saint-Sacrement, un Christ présenté au peuple, de *Giulio dal Moro*, d'une maniere fort graffe. Il y a du caractere & de la couleur, mais beaucoup de maniere.

S. Eustacchio, dit S. Itac. A droite, en entrant, on voit un tableau de Sainte Catherine & Saint André, peint par *Giacomo Amigoni*. Il eft affez bien deffiné & peint d'une maniere moëlleufe, mais doucereufe, & d'une couleur jaunâtre.

L'Affomption de la Vierge, de *Francefco Migliori*, mauvais.

Il y a un Crucifix de marbre, affez bien, avec des détails rendus, mais de petite maniere.

Sur les bafes des grandes colonnes il y a douze tableaux repréfentant des actions des douze Apôtres.

Le premier eft Saint Pierre délivré par l'Ange, peint par *Sebaftiano Ricci*. Il n'eft pas excellent.

Saint Paul enlevé au troifieme ciel, de *Gregorio Lazarini*, affez correct & de bonne couleur, mais un peu plat & froid.

Le Martyre de Saint André, d'*Antonio Pellegrini*. Il eft fort bien, de maniere grande, facile & large, bien compofé, & fait avec beaucoup de goût.

Saint Jacques lié, de *Giovanni Battifta Piazzetta*. Il eft d'une couleur agréable & pleine de goût : mais les ombres en font trop noires. Ce tableau eft maniéré.

Saint Jean dans la chaudiere, d'*Antonio Baleftra*. La couleur en eft maniérée & trop rouge, dans le ton de *Bertin*, peintre François.

Le Martyre de Saint Thomas, de *Giovanni Battifta Pittoni*. Ce tableau eft d'une maniere ferme, bien deffiné, d'un goût large ; les ombres font un peu tranchées & fans reflet ; la couleur eft trop rouge.

Saint Jacques le Mineur, qui reçoit le pain des mains de Notre-Seigneur, du *Cavaliere Bambini*. Ce morceau eft mauvais.

Le Miracle des ferpens, de Saint Thadée, par *Giovanni Battifta Mariotti*. Ce tableau eft bien compofé ; il y a beaucoup de goût dans la maniere de deffiner : mais la couleur en eft maniérée, & les ombres font trop noires.

Saint Barthélemi, de *Giovanni Battifta Tiepolo*. Ce morceau eft plein de goût ; il eft bien compofé, & d'un beau pinceau, mais d'une couleur trop belle & trop rouge. Il a un bon effet : mais les ombres font trop noires ; les jambes du Saint font trop larges, & paroiffent caffées ; les pieds font trop grands & maniérés.

Saint Matthieu, qui écrit l'évangile, peint par *Silveftro Manaigo*. Il eft d'une couleur grife, & d'une maniere affez grande.

Un Miracle de Saint Simon, par *Angelo Trevifani*. C'eft un affez beau morceau , mais incorrect
& d'une maniere un peu pefante ; les ombres en
font trop noires , & par taches ; la couleur en eft
lourde , peu agréable & maniérée.

Saint Philippe frappé par un foldat , de *Pietro
Uberti*. Il eft mauvais.

SANTA MARIA MATER DOMINI. Il y a dans
cette églife une Cene, du vieux *Palma*. C'eft un
bon tableau , où l'on voit de très-belles têtes.

Dans la chapelle principale eft une Naiffance
de Notre-Seigneur : c'eft un des meilleurs ouvrages d'*Antonio Baleftra*. Il eft d'une belle maniere,
grande & vague , bien compofé , avec beaucoup
de graces. Il y a de belles têtes , un bel effet , un
bel accord : les maffes de lumieres font cependant
un peu plates.

Le tableau de la Purification de la Vierge , &
celui de la Fuite en Egypte , font de *Car. Nicol.
Bambini*. Sa façon eft barboteufe & fale : mais ils
font bien compofés , pleins de feu , & il y a beaucoup de fermeté.

L'Adoration des Mages , de *Pietro Longhi*,
éleve d'*Antonio Baleftra*. Ce tableau eft bien compofé , mais moindre que les ouvrages de fon mai-
tre , & très-foible.

On voit enfuite l'Invention de la croix , grand

tableau du *Tintoretto* : c'eſt une belle compoſition, bien enchaînée & grouppée. L'auteur, en finiſſant plus que de coutume, a perdu ſon principal mérite, qui eſt la fierté & la hardieſſe, & ce tableau eſt peſant & adouci. Il y a quelques têtes qui ſemblent des portraits, & ſont plus belles que les autres.

S. MICHEL DI MURANO. Dans la principale chapelle il y a un tableau repréſentant le *Serpent d'airain* : il eſt d'*Antonio Zanchi.* La maniere en eſt grande, & le pinceau large, & même avec excès. En général ce tableau eſt mou, mal deſſiné, & trop *sfumato* dans le ſecond plan.

A gauche du maître-autel, on voit un tableau repréſentant la Réſurrection de Jéſus-Chriſt, par *Conegliano.* Il y a des draperies peintes d'une grande netteté.

Un autre repréſentant l'Adoration du veau d'or, de *Gregorio Laȝarini.* La compoſition de ce tableau eſt fort belle ; il eſt peint très-moëlleuſement, & avec quelque choſe de vaporeux dans les tons, qui eſt fort agréable ; les draperies en ſont belles & bien peintes. Il y a de belles maſſes de lumieres, d'un accord doux, & des têtes de beau caractere. En général il eſt aſſez bien deſſiné & d'une bonne couleur : il ſemble cependant que les ombres en ſont un peu trop rouges.

S. Pietro Martyre. En entrant dans l'églife, à gauche, aux deux côtés d'un autel , il y a deux tableaux de *P. Veronefe.* L'un repréfente la Victoire obtenue par la République fur les Turcs , le jour de Sainte Juftine : on y voit cette Sainte avec Saint Pierre , Saint Jacques & Saint Marc , qui recommandent les Vénitiens à la Sainte Vierge. Ce morceau n'eft pas du plus beau de ce maître : cependant il eft bon. Les figures font de grandeur demi-naturelle.

Dans l'autre , on voit la Sainte Vierge , le Pape, des Rois, des Cardinaux , & plufieurs autres figures d'hommes & de femmes , avec Saint Dominique qui répand des rofes. Il y a un peu de féchereffe ; la compofition en eft fimple & ingénieufe; la plûpart des têtes font d'une grande fineffe , & peintes d'une couleur & d'un pinceau très-gracieux. Il y a un mauvais fond de charmille mêlée de rofes ; la couleur, en général, a le coup d'œil gris; fes figures font de grandeur moindre que demi-nature.

Aux deux côtés de la chapelle du maître-autel , on voit deux grands tableaux de *Bartholomeo Litterini :* l'un eft le Frappement du rocher, & l'autre, un Repas de Jéfus-Chrift. Ce dernier eft une mauvaife imitation des cenes de *P. Veronefe,* il eft mal compofé , fans effet de lumiere , & fans maffes , d'une mauvaife couleur , point affez rompue

dans les ombres, & trop rougeâtre ; le pinceau en
est pesant & fatigué. Il y a quelque dessein : mais
il est lourd & froid.

Eglise degl' Angeli. Au dessus de la grille
des Religieuses, il y a un tableau, où l'on voit la
Vierge, un Ange, Saint Augustin, Saint Marc
& un Doge : il a été peint par *Gio. Bellino*, & est
d'une maniere sêche. Il y a quelques têtes assez
vraies, surtout celle de la Vierge est bien peinte.

Un tableau représentant Sainte Agathe en pri-
son, un Ange & Saint Pierre, de *Benedetto Cagliari*, mais qu'on croit retouché de *P. Veronese.*
Les trois têtes sont assez belles, surtout celle du
Saint Vieillard ; les draperies de l'Ange sont bien
peintes.

Dans un autre tableau on voit en haut la Vierge,
& en bas plusieurs Saints & un fond de paysage :
il est de *Marco Basaiti*, & dans les premieres manieres de la peinture ancienne : cependant il est
peint & exécuté avec quelque mollesse, & avec
beaucoup de soin. Les étoffes sont d'une grande
vérité, & d'une grande exécution. En général cela
est bien & finement dessiné, mais d'une nature
pauvre. Il est bien peint, mais avec sécheresse.

Un Saint Jérôme, de *P. Veronese*. Il ne paroît
pas d'une couleur bien fraîche ; la maniere en est
grande : il est placé si haut qu'on ne le voit pas
bien.

Au maître-autel il y a une Annonciation, où l'on voit le Pere éternel, & une Gloire d'Anges. Ce tableau est du *Pordenone*, & n'est pas excellent. Ce qu'il y a de plus beau est la Gloire des Anges, qui paroît bien peinte, de bon ton de couleur, & d'un pinceau moëlleux : elle est cependant mal grouppée, & de figures tortillées.

Dans le plafond de cette église, représentant une Gloire d'Anges qui jouent des instrumens, on voit un petit grouppe de quatre demi-figures de grandeur naturelle, de *P. Veronese*. Il est très-beau ; les têtes en sont belles & dessinées avec graces, & il est peint avec esprit & facilité.

Le livre imprimé à Venise, annonce qu'il y a dans l'église DELLE DISMESSE, trois tableaux du *Tintoretto* : mais ils n'y sont plus.

S. MAFFEO. On y voit un tableau représentant Judith, qui paroît moderne. Il est bien dessiné & bien peint, d'un pinceau fort gracieux ; la tête de Judith est fort belle, mais la couleur en est trop rouge, & les draperies trop molles & sans formes.

Il y a un tableau du Martyre de Sainte Catherine, peint par le *Padoanino*. Il est fort vanté, mais néanmoins n'est pas merveilleux : il y a quelques têtes de belles formes & de beau caractere ; surtout celle de la Sainte a beaucoup de

graces.

graces. Elle eft deffinée jufte , & d'un pinceau doux & fondu : mais il y a dans ce tableau bien des chofes de mauvaife couleur & d'un rouge fale. La Sainte & l'Ange font ce qu'on y voit de meilleur.

S. Giacomo, Religieufes. Le Martyre de Sainte Catherine, du *Palma*, eft affez beau.

Un tableau repréfentant la Sainte Trinité & Saint Auguftin, du *Cavaliere Liberi* : il eft mauvais, & d'une couleur rouge, qui eft défagréable.

La Vifitation de la Vierge, de *P. Veronefe*. Ce morceau eft bien noblement & fagement compofé ; bien drapé, de plis grands & bien formés. Il y a de beaux caracteres de tête, & il eft bien deffiné ; la couleur n'a pas des chofes bien précieufes dans les tons de chair ; les ombres font d'un ton noir, bleuâtre & violâtre : de plus il eft fort gâté.

Au maître-autel on voit un Chrift avec les Apôtres, de *Benedetto Cagliari*. Ce tableau eft fort beau ; la plûpart des têtes font affez belles pour pouvoir être de *P. Veronefe* : elles font bien peintes & de beau caractere.

Une Réfurrection de Jéfus-Chrift, de *P. Veronefe*. Ce tableau eft affez mal compofé ; la couleur en eft grife, & le ton général bleuâtre. Il y a de fort belles têtes, des mains & des parties de nu finement deſſinées & très-vraies, mais en petit nombre.

. Un Saint Jacques, du *Cav. Liberi.* Ce tableau eſt mieux que celui de la Trinité ; la maniere en eſt aſſez grande, & la couleur un peu moins mauvaiſe en quelques endroits.

Dans un autre tableau on voit Saint Auguſtin en haut, & en bas pluſieurs Martyrs : il eſt du *Palma,* & fort bon, quoique de couleur aſſez triſte. Il y a des draperies où l'on voit de la fermeté.

Il y a deux tableaux de *Pietro Negri.* L'un repréſente un Miracle de Saint Guillaume ; & le ſecond, un autre Miracle. Ils ſont d'une maniere aſſez grande, & qui a de la fermeté, mais trop tranchée de la lumiere à l'ombre ; les ombres en ſont fort noires, & d'un ton bleuâtre.

Sur les portes de l'orgue, *P. Veroneſe* a peint le Mariage de Sainte Catherine. Ce morceau eſt fort beau, & paſſablement conſervé ; il y a de belles têtes & de belles draperies de diverſes étoffes. La Sainte Catherine eſt mal drapée.

Toutes les demi-lunes autour de l'égliſe, repréſentant les Evangéliſtes & des Anges, ſont du *Cav. Liberi,* & ſont aſſez médiocres ; la maniere

en eſt grande, mais le deſſein en eſt mou & ſans
caractere. Il y a toujours un ton rouge.

SANTA CATTARENA. Il y a un tableau, à droite
du maître-autel, où l'on voit Saint Benoît, deux
Evêques & quatre Religieuſes. On attribue ce
morceau à *P. Veroneſe* : mais il eſt très-mauvais,
& ne paroît qu'une méchante copie.

Au maître-autel eſt un Baptème de Jéſus-
Chriſt, du *Salviati*, mauvais, quoiqu'aſſez paſſablement deſſiné.

S. MAURO, dit S. MORO, Religieuſes. Le tableau du maître-autel eſt le Martyre de Saint
Maur, par *P. Veroneſe*. Il n'y a guere que le haut
du tableau où l'on reconnoiſſe ſa maniere diſtinctement. Il eſt très-bien compoſé ; les têtes en
ſont pour la plûpart très-belles, d'une belle expreſſion, & d'un beau caractère. Il y a quelques
mains bien deſſinées. La couleur & le ton général,
ſoit des ombres, ſoit des demi-teintes, eſt un
peu bleuâtre. Il eſt fondu, & n'a point dans le bas
de ces tons légérement laiſſés. Il y a des têtes
plus éloignées, qui ſemblent auſſi d'un pinceau
un peu peſant, & dans la maniere du *Palma*.

S. MARTINO. En entrant dans cette égliſe, à
gauche, on voit un Crucifiement de Jéſus-Chriſt,
de *Giov. Batta Tiepolo*. Ce morceau eſt bien ingénieuſement compoſé, d'un beau *faire* & très-

facile ; le deſſein en eſt maniéré, & la couleur l'eſt encore davantage.

Il y a un tableau à gauche, en regardant l'autel, dont on ignore le ſujet, qui a du grand dans la maniere & dans le deſſein. Il eſt gris de couleur, & noir.

Dans un autre tableau on voit Saint Roch, Saint Sébaſtien & Saint Antoine, par *Bernardino Prudenti.* Le *faire* en eſt large & moëlleux ; le ton a de l'agrément.

S. ANTONIO, Religieuſes. Au maître-autel il y a un tableau de *P. Veroneſe*, où l'on voit Saint Antoine, Abbé, aſſis, Saint Corneille, Pape, Saint Cyprien, Abbé, & deux jeunes Enfans d'une grande beauté. Les trois têtes de vieillards ſont de très-beau caractere ; l'enfant qui porte le livre, & dont la tête eſt ombrée, eſt bien traité ; les ombres ſont d'un noir violâtre, les demi-teintes rougeâtres ; les draperies & étoffes ſont belles, mais un peu trop ſemblables à du carton.

A la gauche de l'égliſe, du côté de l'orgue, il y a dix tableaux de *P. Veroneſe*, tous ſujets de la vie de Sainte-Catherine. Ces tableaux ſont foibles: cependant il y a du génie ; les tons ſont d'une couleur un peu pourprée.

L'orgue eſt entiérement peint par *P. Veroneſe.* En dedans on voit l'Annonciation, & en dehors l'Adoration des Mages. Ce morceau eſt beau ; il y a quelques têtes fort belles, & quelques draperies d'une grande fraîcheur de coloris ; la couleur en eſt forte, la compoſition ingénieuſe & vue en deſſous.

A gauche, dans la principale chapelle, on voit un Miracle de Saint Antoine, par *Santo Piatti*. Il y a du bon dans la largeur de la maniere, & dans le deſſein ; la couleur en eſt mauvaiſe & trop rouge.

LA GRAZIA, Religieuſes Capucines. Les portes de l'orgue, où l'on voit en dehors l'Annonciation, & en dedans Saint Auguſtin & Saint Jérôme, ſont peintes par le *Tintoretto*, & du meilleur de ce maître.

Le tableau du maître-autel, où l'on voit la Vierge, Saint Jérôme & le portrait d'un Evêque, eſt du *Palma*. Il eſt de bon ton & de belle couleur, ſurtout la Gloire ; le reſte eſt un peu gris.

Deux tableaux longs, & deux plus petits, repréſentant l'hiſtoire de la Vierge, de l'école de *Baleſtra* : ils ſont de bon ton, d'un bel effet & de bonne maniere.

S. GIORGIO MAGGIORE. L'architecture de cette égliſe eſt de *Palladio*, & eſt fort belle.

Le premier tableau en entrant dans l'égliſe, à main gauche, repréſente Sainte Lucie traînée par des bœufs. Quoique de *Leandro Bassano*, il est assez mauvais; cependant on y voit un dos de figure d'homme, qui est bien.

Le second représente le Martyre de S. Etienne, du *Tintoretto* : il est mauvais.

Il y a deux grands tableaux aux deux côtés du maître-autel, dont l'un représente la Manne dans le désert, & l'autre la Cene de Jésus-Christ : ils sont du *Tintoretto*. La composition de la Cene est ingénieuse, mais trop extravagante. Ces deux tableaux ont beaucoup de génie dans les tournures des figures : mais ils sont très-mal dessinés, & d'une couleur noire & sale, quoiqu'il y ait quelquefois d'assez bonnes demi-teintes. La sculpture de bronze de cet autel est bonne.

Un tableau, où l'on voit en haut la Vierge, & en bas Saint Pierre, Saint Paul & quelques autres Saints, de *Sebastiano Ricci*. C'est un très-beau morceau, imité de *P. Veronese*, quant à la couleur; d'une très-belle harmonie, bien composé, & de figures gracieuses; quelques têtes sont d'un caractere un peu petit.

Dans un autre tableau on voit le Couronnement de la Vierge, & en bas Saint Grégoire, Saint Benoît & d'autres Saints Religieux. Il est du *Tintoretto*, & mauvais, d'une couleur sale, d'une mauvaise façon de peindre, & les draperies en sont barboteuses.

La Naissance de Jésus-Christ, de *Giacomo Bassano*. Il y a quelque chose de bon dans ce tableau ; la Vierge est mal, & l'Enfant Jésus indécis : d'ailleurs la couleur est trop rouge. Ce morceau en général est tout noirci.

Dans la sacristie, à l'autel, on voit la Présentation de Jésus-Christ, du *Palma*. Ce tableau est d'une couleur grise & un peu sale ; il est bien composé ; il y a des têtes d'une grande vérité, qui paroissent des portraits ; la tête de Vierge n'est pas belle.

Dans le chapitre il y a un tableau dont le sujet est la Femme adultere , amenée à Jésus-Christ , de *Rocco Marconi*. Il y a beaucoup de vérité, mais d'une nature commune.

Dans la chapelle des morts on voit un tableau du *Tintoretto* , représentant Jésus-Christ mort , porté au tombeau. Il est assez ingénieux de composition , & meilleur que les autres.

A gauche on voit un autre tableau assez bon, où sont la Vierge, *Saint Etienne, Saint Matthieu* & un Prélat ; du *Ponzone*.

Dans la bibliotheque il y a quelques tableaux imités de *P. Veronese* , avec des étoffes riches, & d'une maniere assez large. Il y a quelque couleur, mais elle est maniérée & fausse : ils sont d'ailleurs mal dessinés.

I iv

Dans le réfectoire est un de ces tableaux célebres de *P. Veronese*, qui repréfentent des Repas de Jéfus-Chrift. On en comptoit quatre à Venife, l'un defquels a été donné par la République au Roi de France. Celui-ci, qui repréfente les Nôces de Cana, est un très-grand tableau, & une machine de compofition magnifique & de la plus grande richeffe ; les têtes font de la plus grande vérité, & belles, quoique la plûpart aient peu de nobleffe : elles paroiffent être toutes des portraits ; la tête du Chrift, & celle de la Vierge, font les moindres : on y voit de très-belles étoffes. Ce tableau paroît un peu tenir tout enfemble, & les ombres des draperies n'en font pas toujours affez bien décidées, foit que ce foit l'effet du temps ou autrement. Il est à remarquer, dans ce tableau, que les figures qui repréfentent des Muficiens, font des portraits d'excellens peintres contemporains. Celui qui joue de la viole est *P. Veronefe* lui-même ; celui qui joue du violoncelle est le *Tiziano* ; le troifieme, qui joue du violon, le *Tintoretto* ; enfin celui qui joue de la flûte est le *Baffano*, furnommé le vieux.

EGLISE DE S. PHILIPPE DE NERI. Le premier tableau, à droite, repréfente l'Education de la Vierge : on y voit la Vierge lifant, Sainte Anne & Saint Jofeph. La Vierge est d'un pinceau moëlleux, & d'une couleur charmante ; le deffein en eſt rempli de goût, mais un peu incorrect & ma-niéré.

Le ſecond tableau, à gauche, paroît de *Piaᵹ-ᵹetta.* Il eſt d'un pinceau large, & d'une maniere ferme ; il y a des graces, mais il eſt trop roux de couleur, & maniéré : c'eſt l'Apparition de la Sainte Vierge à Saint Philippe de Neri, pendant la meſſe.

Palais Pisani. Il y a un grand tableau de *P. Veroneſe* (figures de grandeur naturelle), re-préſentant la Famille de Darius aux pieds d'A-lexandre. C'eſt une belle compoſition ; il y a des têtes admirables, une belle harmonie ; les chairs d'hommes ſont rougeâtres ; l'Alexandre eſt tout cuiraſſé & vêtu de rouge : ce qui n'eſt pas heureux. Epheſtion a la jambe mal deſſinée ; le fond eſt beau, il y a quelques draperies qui ſemblent un peu de carton.

Un tableau de *Piaᵹᵹetta,* où l'on voit Darius mort, & Alexandre indigné de ce meurtre. Il eſt aſſez bien exprimé, & d'un pinceau large : mais la couleur eſt fauſſe & maniérée. Le Darius n'a point de dignité, & a l'air d'un matelot ; il n'a point de barbe, mais ſeulement des mouſtaches. Il y a trop de touches dans ce tableau ; les ombres en ſont trop rouſſes & noires.

En haut on voit un Prophete sur un lion. Il paroît de *P. Veronese* : cependant il est mauvais, & la couleur en est trop sale.

Noé & ses trois Fils. Ce tableau est bien com-composé ; il est d'une couleur un peu trop vermeille : mais il a de beaux tons de demi-teintes grises, & il est de grande maniere.

Le pendant de ce tableau représente Loth & ses Filles. Il est un peu moindre.

Le tableau où l'on voit une Chûte des Géans, paroît du *Tintoretto*. Il y a de belles choses ; son pendant est très-mauvais.

Un autre tableau du *Tintoretto*, représentant la Mort d'Adonis. Il y a du bon.

Palais Labbia. Il y a un grand tableau de *Luca Giordano*, représentant la Vierge, Saint Joseph & une Gloire. Il est beau.

Un autre, où l'on voit Saint Jérôme dans un paysage, avec une Gloire d'enfans. Il est large & facile, mais un peu obscur.

Deux *Bassano*, dont la couleur est forte, mais qui sont mauvais d'ailleurs.

Un *Noli me tangere*, qui paroît de *Pietro da Cortona*, à l'exception de la couleur.

Deux petits ovales du *L. Giordano*. Dans l'un est Job & sa Femme, & dans l'autre Isaac bénissant Jacob. Ils sont admirables, de beaucoup d'effet & bien finis.

Une belle figure de Socrate, d'une maniere large, d'un beau pinceau & de bonne couleur.

Un Jugement de Pâris, de *L. Giordano.* Il eſt d'une couleur vraie & d'un beau gris ; les ombres du Pâris ſont cependant trop rouges : d'ailleurs la compoſition n'en eſt pas bien grouppée.

Une Cléopâtre en pied, dite du *Guido.* Elle eſt belle, mais un peu ſéche.

Un grand tableau de *Giordano,* où ſont des paſteurs, des bergeres & des moutons. Il y a de très-belles choſes, ſurtout la femme à gauche : il paroît d'un pinceau trop adouci.

Saint Pierre recevant les clefs (demi-figures). Ce tableau eſt d'une couleur fraîche.

On voit auſſi dans ce palais trois tableaux d'animaux grands comme nature, de *L. Giordano.* Ils ſont foibles & à demi-finis.

PALAIS BARBERIGO, autrement dit, *Scola del Tiziano.* On y voit un tableau d'une femme, & un ſatyre. La femme eſt très-belle, & la couleur a des demi-teintes fraîches ; le ſatyre eſt fort noir & trop broſſé. Ce tableau n'eſt qu'à demi-fait.

Un Prométhée (figure de grandeur demi-naturelle), bien deſſiné, avec caractere, correction & fineſſe, bien compoſé. La couleur tire en général ſur le rougeâtre, mais elle eſt fort belle, & il y a de très-belles demi-teintes. Cette couleur a quelque chose qui semble un peu sale.

L'Ange Gardien & Tobie, deux figures en bustes. Les têtes ne sont pas peintes d'un pinceau si gras que les autres; elles ont même quelque chose de plat, & les ombres, qui sont presqu'égales aux demi-teintes, ne leur donnent pas de rondeur, & d'autant moins que les draperies ont beaucoup de vigueur, & ont encore noirci.

Jésus-Christ portant sa croix, buste. La tête est belle & beaucoup peinte; la barbe est fort noire, & a encore noirci; les draperies sont indécises & mal formées.

Une Vénus à sa toilette. La figure de femme est d'une grande beauté & d'une grande vérité; la mollesse des chairs, & la rondeur des parties, sont admirables. La tête semble le portrait de quelque belle femme, & son caractere ne tient point de la forme grecque. Les demi-teintes en sont admirables, empâtées d'une façon grasse, indécise, & comme par hazard dans beaucoup d'endroits. La tête est un peu petite; ce qui fait paroître les épaules larges. L'enfant est admirablement peint; il y a de beaux tons de gris colorés dans certaines demi-teintes, qui sont plutôt demi-ombres. Quoiqu'il soit bien de chair, & bien deffiné, quant à une certaine grandeur & pureté de forme, il n'a cependant pas les graces enfantines, quant au deffein. Le bras droit de la femme paroît un peu trop gros vers le coude, & la main gauche a quelque chofe de roide dans la pofition des doigts. Il y a beaucoup de molleffe par le moëlleux du pinceau, & par la force de couleur des demi-teintes, qui ont quelque chofe de très-frais & de fanguin.

Un Chrift au rofeau, bufte qu'on dit du *Tiziano*, mais qui eft d'une maniere toute différente des autres, & très-foible. Il eft d'une exécution trop barboteufe, & n'a rien de fin, ni dans la couleur, ni dans le deffein.

Vénus & Adonis (figures de grandeur du tiers de nature), du même, très-connu par les copies, & dont il y a plufieurs originaux. Ce tableau eft précieux, foit pour la couleur, foit pour le deffein, qui eft rempli de fineffe. On y voit de beaux pieds délicats, de belles mains: il femble feulement qu'il y ait un peu de féchereffe.

La Vierge, l'Enfant Jéfus & la Magdeleine. Ce tableau eft très-beau, de belle couleur, & d'un pinceau très-moëlleux: les caracteres de têtes n'en font cependant pas d'un beau choix.

La Magdeleine pleurant. L'expreffion de la douleur eft bien rendue, & les yeux verfant des larmes, font admirablement bien traités : la tête cependant n'eft pas d'un caractere noble. La main gauche fur le fein, tenant fes cheveux, eft admirable; l'autre eft moins belle; il y a quelque roideur; les étoffes font bien rendues. Ce tableau eft d'une excellente couleur, & du plus beau faire.

Un Saint Sébaftien, demi-fait, bien broffé, d'une maniere forte, & vigoureux de couleur.

Un Chrift, bufte, de fort grand caractere. La couleur en eft rouge, & a peu de variété dans les demi-teintes; les ombres font fortes, & ont fans doute noirci.

Tous ces tableaux font du *Tiziano*, & rendent ce cabinet un des plus curieux qui foit en Italie.

Les tableaux du *Tiziano* ont prefque toujours le défaut que les lumieres des chairs font jaunes; ce qui vraifemblablement eft l'effet du temps.

Il y a encore dans ce lieu quelques bons tableaux, comme un petit Jéfus, du *Padouanino*, & plufieurs têtes du *Giorgione*.

La Femme adultere, du *Tintoretto*. Il y a du bon, fans que ce foit cependant un bon tableau.

La Diftribution des cinq pains, du *Baffano*. Ce tableau eft excellent; il y a des vérités admirables; le pinceau en eft gras, & il eft d'une excellente couleur.

Un autre tableau repréſentant un Hyver, du *Baſſano*. Il eſt bon.

Un Saint Jérôme, que l'on dit du *Tiziano*, mais qui n'eſt pas beau.

Casa Zeno. On y voit un tableau de *Luca Giordano* (de grandeur naturelle), tout-à-fait dans le goût des *Carraches*. Il repréſente un Chriſt mort, la Vierge, la Magdeleine, &c. Ce morceau eſt excellent.

Un Saint martyriſé: on croit que c'eſt Saint Barthélemi, de l'*Eſpagnoletto*. Il eſt beau par les vérités & la maniere ferme, ſçavante & détaillée; la couleur eſt moins belle qu'il n'eſt ordinaire à ce peintre : d'ailleurs la tête eſt d'un caractere très-bas.

. Un tableau d'une Samaritaine, où il y a des choſes d'une belle & très-agréable couleur, & d'un pinceau qui tient de *P. Veroneſe*.

- Palais Sagredo. Dans la chambre du lit il y a deux petits tableaux, dont l'un, du *Caracci*, repréſente une Notre-Dame de pitié : c'eſt un morceau précieux.

L'autre , qu'on croit de *Jean du Lis* , eſt excellent auſſi ; la couleur en eſt aimable, le pinceau flatteur, & la touche méplate & ſpirituelle.

Il y a dans les Mezzanines pluſieurs tableaux

qui ne font guere que des efquiffes, mais qui font cependant fort bons.

Dans la petite falle on voit un tableau repréfentant un Ange conduifant les filles de Loth. Ce morceau eft ingénieux & piquant.

Quelques petits tableaux Flamands, comme de *Wouvermens*, & autres qui ne font pas excellens.

Un petit *Mieris*, qui n'eft pas excellent.

Un petit *Rubens*, dans la couleur Vénitienne, c'eft-à-dire, admirable, mais outrée.

Une Famille, dans le goût d'*Oftade*. Ce tableau eft bon.

Un petit tableau repréfentant des Soldats, par *Salvator Rofa*. Il eft excellent.

On voit dans la falle d'armes, qui eft belle & bien en ordre, plufieurs buftes antiques, fort bons, furtout ceux qui font de grandeur naturelle. Les autres font, pour la plûpart, fort mauvais.

Un Vieillard accordant un luth, & un Joueur de violon (demi-figures de grandeur naturelle), du *Preti Genovefe*. Ce tableau eft d'une belle couleur, forte & haute de ton. Il y a des vérités de détail admirables.

Une Hérodiade (demi-figure de grandeur naturelle), d'affez grande maniere, mais d'un choix

bas.

bas. La couleur en est foible , & ne semble pres-qu'une grisaille.

Un portrait de femme , d'une couleur claire & de fort bon ton.

Deux petits tableaux , dont on a oublié les sujets , mais dont la couleur est excellente.

Un Saint Paul écrivant, d'excellent ton, quoiqu'un peu gris.

Un Christ entre les deux larrons , esquisse de *Rubens.*

Quelques autres esquisses , du même *Rubens.*

Une Samaritaine , du *Guercino.*

La Femme adultere , du *Padouanino* (demi-figures de grandeur naturelle), de grande maniere , & d'un goût large & mâle. Les têtes sont belles & de beau caractere. Il y a quelques incorrections de dessein : cependant, en général, c'est un beau tableau.

Coriolan , du *Calabrese.* Ce tableau n'est pas de son meilleur : il y a néanmoins quelques belles têtes ; le ton en est un peu trop noirâtre dans les ombres : c'est le défaut ordinaire de la couleur de ce maître.

Un Saint François, du *Tintoretto.* Ce tableau est bon & d'assez large maniere.

Quelques animaux fort bons, de M. *Rose.*

Tome III, Part. V.   K

Un portrait de *Liberi*, excellent & de bonne couleur.

Un autre portrait, de *Caffineus*.

Carlo Loth, peint par lui-même.

Un tableau de *Julio Carpiani*, où il y a beaucoup d'enfans. Ce n'est qu'une ébauche : mais il est plein de génie & bien dessiné.

Deux grands tableaux de peintres Flamands, figures & animaux, de bonne couleur, d'une exécution & d'une touche admirables.

Douze bustes d'Apôtres, de *Leonardo da Vinci*, du plus grand caractere, & d'une belle façon, modérément finis.

On voit aussi, dans cette salle, plusieurs desseins.

Néron donnant un coup de pied à sa femme, de *Pietro da Cortona*. Ce tableau est fort beau.

Une petite Vierge, de *Carlo Maratti*. Il est bon & frappé avec fermeté.

Une Adoration des Rois, de *P. Veronese*. La couleur en est d'une belle fraîcheur : mais il est mal dessiné.

Un grand tableau représentant un Sacrifice, de *Pietro da Cortona*. Il est très-beau, & dans une maniere ferme, comme celle du *Poussin* ; ce qui est rare chez ce maître, qui est communément un peu mou.

L'Entrée dans l'arche (figures de grandeur demi-naturelle), de *Benedetto di Caftiglione*. Les animaux en font admirables, & d'une grande vérité ; les figures auffi font excellentes ; la couleur en eft bonne, & il eft peint avec la plus belle légéreté : les animaux font peints par hachures.

Un tableau repréfentant la Charité (figures de grandeur naturelle), par *Lazarini*. La maniere en eft grande, un peu féche, par le défaut des demi-teintes, qui ne font pas affez colorées : d'ailleurs les ombres font d'une couleur trop rouge.

Dans une chambre en bas il y a deux portraits excellens.

Plufieurs tableaux (demi-figures), du *Preti Genovefe*. Ceux qui repréfentent les trois Arts, font bons, d'une couleur forte, mais un peu outrée. Ceux qui repréfentent les Parques, font moindres & d'une couleur fale.

Un Evêque, du *Cerano*. Ce tableau eft très-beau, & d'une maniere ferme.

Un portrait, du *Tintoretto*.

Dans la chambre à coucher il y a un petit tableau du *Correge*.

Un tableau repréfentant une Femme, de *Wandick*.

K ij

Un buſte de Sainte Cécile, du *Preti Genoveſe*, d'une couleur belle & très-fraîche.

La *Madonna*, dite de *Saſſa Ferrato*. Elle eſt mauvaiſe & ſéche.

Une tête de vieillard, qui paroît un portrait, par *Ferra Boſco*. Elle eſt admirable, vraie de couleur & de très-bon caractere.

Deux grands tableaux de *Salvator Roſa*. Le premier repréſente un Philoſophe penſant, avec tous les ſymboles de la mort autour de lui.

Le ſecond eſt Diogene jettant ſa taſſe. La maniere en eſt grande, le *faire* très-beau ; ils ſont bien drapés, & le payſage en eſt admirable : cependant, en général, la couleur en eſt déſagréable.

Un *Ecce Homo*, de *Paolo Farinato*. La tête du Chriſt, & celle du vieillard coëffé, ſont d'un très-beau caractere.

Un Chriſt en croix, du *Palma*. C'eſt un aſſez bon morceau pour le tout-enſemble, quoiqu'il n'y ait rien d'excellent dans le détail.

Une Femme coupant ſes cheveux, du *Preti Genoveſe*. Elle eſt d'une couleur excellente ; il y a des tons gris de la plus belle fraîcheur ; le choix de nature n'eſt pas noble.

Un portrait, par le *Giorgione*, de très-grande maniere.

Deux tableaux (figures d'un pied de proportion), du *Bourguignon*. Ils sont très-beaux.

Un portrait de Femme, de *Pietro da Cortona.* Il est fort bon, peu fini, mais d'un *faire* facile.

Une Assomption, esquisse de *Rubens.*

Loth & ses Filles, dit de *Simone da Pesaro.* Ce tableau est bon; il y a de l'imitation du *Guido*, dans le temps où son coloris a été un peu gris.

Une Naissance de la Vierge, du *Tintoretto*, fort belle en beaucoup de choses, & bien ingénieusement composée. Il y a des têtes gracieuses, & les ombres claires sont d'un très-beau ton.

Quelques esquisses de *Rubens.*

La Samaritaine, du *Guercino.* Ce tableau est excellent & de son meilleur temps, c'est-à-dire, lorsque ses ombres étoient fortes & obscures, tirant sur un noir un peu bleuâtre, mais que ses demi-teintes étoient de la plus belle fraîcheur; d'ailleurs ce morceau est d'un bel effet.

L'Adoration des Rois, dit de *P. Veronese,* mauvais.

Une petite Annonciation, dite du *Correge.* Ce n'est pas un morceau excellent.

Un Joueur de luth, du *Preti Genovese.*

L'Adoration des Rois, de *Benedetto di Cafti-glione*. Ce tableau n'eft qu'ébauché, & il n'y a qu'un coin de fini : mais il eft ingénieufement compofé & touché avec tout l'efprit poffible. La partie finie eft d'une couleur & d'une exécution charmante.

Plufieurs tableaux des *Baffano*, entr'autres les Vendeurs chaffés du temple. Il y a des parties d'une très-bonne couleur.

Une Annonciation, de *P. Veronefe* (figure d'un pied & demi), très-belle, fpirituellement touchée, & de belle couleur.

Quelques portraits très-beaux, & qui paroif-fent du *Tiziano*.

Une Femme chantant, de *Giufeppe del Sole* (demi-figure), fort belle. Ce tableau tient beaucoup du goût du *Guide*.

Un grand tableau repréfentant la Vierge & l'Ange Gardien, de *Piazzetta*. Ce tableau eft fort bon ; la maniere en eft fiere & large ; la couleur eft un peu rouffe & maniérée.

On voit dans une chambre plufieurs grands tableaux du *Bourguignon*. Ce maître ne réuffit pas fi bien en grand qu'en petit. Il eft mal deffiné, trop peu fini, & fa couleur y devient trop rouge. Ces tableaux font peints fur des cuirs dorés, & l'or y fert pour tous les luifans des cuiraffes ; ce qui ne fait pas en général un trop bon effet, bien que cela répande en quelques endroits un ton doré affez agréable.

PALAIS MOROSINI. Il y a peu de tableaux qui foient d'un mérite diftingué.

On y remarque un petit tableau repréfentant l'Adoration des Rois, qui paroît de *P. Veronefe*, où il y a de fort belles chofes. Les têtes furtout font belles & bien peintes, aufli bien que quelques étoffes.

Une Vierge qui paroît de quelque bon maître, quoique très-foible.

Deux tableaux qui femblent des frifes (demi-figures de grandeur naturelle). L'un repréfente David avec la tête de Goliath, & quelques autres figures. L'autre eft Judith avec la tête d'Holoferne. Ces tableaux font d'une maniere grande & large, & d'une couleur bonne & vigoureufe.

Deux autres tableaux: l'un paroît repréfenter Job, & l'autre un Prophete à qui un Ange montre un pain. Ces tableaux font d'un très-bon caractere de deffein, mais d'une couleur trop rouge : ils paroiffent de *Carlo Loth* ou du *Cavaliere Liberi*.

Jonas jetté fur le rivage. Ce tableau femble plus moderne encore ; il eft bien peint & bien deffiné ; il y a de la vérité & une bonne couleur. On ignore l'auteur.   K iv

Quelques portraits affez bons , & quelques autres tableaux médiocres ou au deffous du mé-diocre.

Dans l'appartement d'en bas on voit quelques tableaux d'animaux, comme taureaux , chevres & autre (de grandeur naturelle), qu'on dit de *Salva-tor Rofa,* & qui en effet font broffés avec beaucoup de fierté.

La ville de Venife offre aux curieux quantité d'églifes & de palais d'une très-belle architecture. Le goût de la décoration extérieure des palais eft différent de celui qui regne à Rome. Dans cette derniere ville elle confifte prefque uniquement dans des croifées & des portes ornées. A Venife , les bâtimens font enrichis de colonnes à chaque étage. Ces ordres par conféquent font petits : mais outre que ce goût paroît fondé en raifon, en ce que chaque plancher fe trouve porté d'une maniere naturelle & fenfible à l'œil, de plus ces Palais en font plus richement décorés, & préfentent un afpect plus magnifique. Les édifices du célebre *Palladio* s'y font admirer par la grandeur du goût, & la majefté. Ce grand maître eft, à Ve-nife & à Vicenfe , un objet d'étude pour les jeunes architectes. On y peut remarquer, entr'autres cho-fes , le parti qu'il a fçu prendre de fupprimer les

pilaftres derriere les colonnes , lorfqu'ils embar-
raffoient la diftribution des croifées. Cet affujettif-
fement, auquel nous n'ofons prefque jamais nous
fouftraire, ne produit pas un agrément compa-
rable à l'incommodité qu'il donne ; & d'ailleurs
la raifon n'oblige point à orner de pilaftres un
mur qui, par fa conftruction, fe foutient de lui-
même.

L'Ecole Vénitienne eft célebre dans la peinture
par la beauté du coloris. Les grands maîtres dont
elle fe glorifie, font vraiement les peintres de
l'Italie. Moins affujettis à la correction du deffein,
mais plus remplis d'enthoufiafme dans leurs com-
pofitions, plus fçavans dans ce qui concerne l'intelligence de la lumiere , & plus hardis dans fes
oppofitions , ils ont employé fans crainte les plus
vives couleurs de la nature, & les plus beaux tons,
c'eft-à-dire , les charmes les plus féduifans que
puiffe offrir la peinture. Le *Tiziano*, le peintre le
plus fameux de cette Ecole , eft certainement le
plus grand colorifte qui ait exifté. Quoiqu'on
puiffe à bien des égards lui comparer *Rubens* , on
peut dire néanmoins que la magie de fa couleur
eft encore plus admirable & plus vraie. Il n'a pas
toujours été égal , & l'on trouve en Italie plufieurs
tableaux de lui, qui, quoique remplis de beautés,
préfentent cependant quelque féchereffe : mais

c'eſt à Veniſe que l'on voit le plus grand nombre de ſes ouvrages & de ſon meilleur temps. Là il eſt d'une largeur de pinceau admirable, & du plus parfait coloris. On peut encore admirer en lui la vérité, la juſteſſe & le caractere de ſon deſſein : qualité fort rare chez les coloriſtes.

Il n'y a point de maître plus étonnant que le *Tintoretto*. L'enthouſiaſme de ſon génie & la fureur de ſon pinceau ſont au deſſus de toute comparaiſon. Il paſſe toutes les bornes de la raiſon, & cependant l'on ne peut ſe refuſer aux ſentimens d'admiration qu'il excite. On ne le connoît véritablement qu'à Veniſe, & ce que l'on voit ailleurs de lui, ſemble ne donner que l'idée de ſes défauts ; car il n'eſt véritablement grand que dans les grandes choſes qu'il a exécutées avec tout ſon feu. L'on y trouve, avec le *faire* le plus étonnant, la plus belle intelligence de lumiere, & les tons de coloris les plus beaux & les plus hardis.

Le plus riche & le plus beau génie pour la compoſition raiſonnée d'un tableau, eſt le fameux *P. Veroneſe*. Perſonne n'a ſurpaſſé la belle ordonnance de ſes tableaux, l'enchaînement ingénieux de ſes grouppes, la maniere dont la lumiere y eſt répandue, & l'intelligence ſupérieure de ſes reflets. Son coloris eſt fier, vrai & précieux. Quoi-

qu'on puisse lui reprocher un ton général, un peu
violâtre dans les ombres, néanmoins il est digne
d'admiration, & présente les demi-teintes les
plus belles & les plus fraîches. La facilité & (si
l'on peut s'exprimer ainsi) la fleur de son pinceau
offrent ce que la peinture a de plus séducteur.
La magnificence des étoffes dont il habille ses
figures, répand dans ses ouvrages un agrément
inexprimable, peu connu avant lui. On lui reproche d'avoir violé les loix du *costume* des Anciens : mais combien cette heureuse licence n'a-
t'elle pas produit de beautés, dont nous serions
privés s'il s'y fût assujetti. En abandonnant quelques circonstances de la vérité d'un *costume*, souvent peu agréable, connu d'un très-petit nombre
de personnes, & encore fort inégalement, il s'est
enrichi d'un grand nombre de vérités sensibles à
tous les yeux. Cette perte, assez peu intéressante,
n'est-elle pas plus que suffisamment compensée.
S'il a représenté les sujets les plus anciens avec la
plûpart des vêtemens en usage dans son temps,
il s'en est ensuivi non seulement une richesse &
une variété charmante d'objets, mais encore une
apparence de vérité, qu'on voit rarement dans les
autres maîtres. Par ce moyen il s'est mis à portée
de ne rien faire que la nature devant les yeux :
avantage qu'il est peut-être impossible que la

force de l'imagination puisse suppléer. Il ne s'est point soumis à la sévérité du choix des caracteres de têtes antiques. Mais s'il a osé faire entrer dans ses tableaux les portraits de ses amis, ou du moins les caracteres de têtes connus de ses concitoyens, il en résulte une apparence de vérité très-satisfaisante. On croit voir des hommes véritables, & que l'on connoît. Cependant, quoiqu'en quelque façon ses têtes soient autant de portraits, elles sont traitées d'une maniere si belle & si large, qu'elles ne présentent aucune idée de servitude. S'il est permis de hazarder un sentiment particulier, peut-être, en y réfléchissant, trouveroit - on que cette nature connue est plus propre à la peinture que ce beau idéal qu'on cherche avec tant de peine, qu'on trouve si rarement, & qu'il est si difficile d'allier avec la vérité. Ne seroit-ce pas plutôt l'essentiel de la sculpture, qui ayant moins de parties à réunir, & moins de ressources pour plaire, ne peut s'en dispenser sans manquer son but, au lieu que celui de la peinture est prémiérement l'illusion. Quoi qu'il en soit, on peut compter *P. Veronese* au rang des plus grands peintres qu'il y ait eu en Italie; & c'est un de ceux qui a réuni le plus de parties de la peinture.

Le *Giogione*, le *Palma*, le *Padouanino*, les

Baſſans, le *Ricci* & quantité d'autres maîtres, augmentent encore la gloire de cette fameuſe Ecole. Preſque tous les peintres de Veniſe ont été coloriſtes; ce qui ſemble provenir non ſeulement de ce que naturellement on imite ce dont on eſt environné, mais encore de la maniere d'étudier. On dit que l'uſage de l'Ecole Vénitienne eſt de mettre le pinceau à la main de leurs éleves preſqu'en commençant leurs études. Ce qui ſemble plus le confirmer, c'eſt la rareté des ſculpteurs ſortis de cette Ecole. De l'étude du deſſein, ſuivie par le maniement du pinceau, avec le ſecours de la couleur, il réſulte une maniere de deſſiner large, mais incertaine, & telle que l'on la tâte dans l'empâtement des couleurs, où l'on évite les contours trop décidés. Cette maniere n'eſt point propre à former des ſculpteurs en qui le mérite eſſentiel eſt le beau choix des formes, & la pureté des contours. Mais c'eſt de cette maniere que ſe forment les coloriſtes : c'eſt de l'habitude de ne jamais enviſager la nature qu'avec ſes effets de couleur, de rondeur & de lumiere directe ou reflétée, que naiſſent le beau coloris & l'intelligence du clair obſcur. C'eſt de cette pratique du mélange des couleurs, que l'on fait long-temps par approximation, qu'enfin réfulte la facilité de faire obéir ce méchanifme inexplicable, au fentiment dont nous fommes affectés en voyant la nature. L'art eft d'une telle étendue, que nul ne peut en embraffer toutes les parties. Tout le temps que l'on donne à l'étude des formes de la nature, en faifant abftraction de fa couleur & de fes effets, eft en quelque maniere pris fur celui qui auroit été néceffaire à acquérir la connoiffance de ces parties importantes, & à s'en rendre la pratique facile ; & fi l'on fe livre aux charmes qu'elle expofe à ces deux égards, il faut de néceffité relâcher de la févérité du choix, & de l'exactitude des formes. Ajoutons encore une réflexion. La nature elle-même femble s'être partagée dans les objets qu'elle a formés. En général, lorfqu'elle eft la plus belle pour les formes, elle l'eft moins pour le coloris. La belle couleur femble n'exifter dans tout fon luftre, que dans les perfonnes dont l'embonpoint a un peu changé les formes, & au contraire l'élégance & la pureté des contours fe rencontrent rarement avec ce brillant que cherchent les peintres coloriftes.

Il eft certain que l'étude des maîtres de l'Ecole Vénitienne eft très-profitable aux peintres. Elle peut échauffer les génies froids, & former ceux

que leur goût naturel entraîne vers la couleur.
Elle a ſes dangers comme toutes les manieres :
mais ceux qui auront d'abord étudié les Ecoles
Romaine & Lombarde , feront ſuffiſamment
prémunis.

Veniſe peut encore ſe glorifier de poſſéder les
plus habiles peintres qu'il y ait dans toute l'Italie ,
& tels qu'ils peuvent aller de pair avec les meilleurs
qu'on puiſſe citer dans toute l'Europe. Ceux dont
on y voit le plus grand nombre d'ouvrages , ſont
Tiepolo & *Piazzetta.* Le plus beau génie & la couleur la plus agréable , la plus grande facilité & le
pinceau le plus flatteur forment le caractere du
premier. A peu-près le même mérite fait celui du
ſecond , à l'exception de la couleur , qui eſt moins
belle , mais qui eſt compenſée par une maniere
plus large. Si l'on peut leur reprocher quelques
défauts , ainſi qu'il a été remarqué dans l'examen
de leurs ouvrages , ils ſont bien rachetés par les
beautés.

Nous ne devons pas oublier , en parlant des
grands peintres de cette ville , la fameuſe Demoi-
ſelle *Roſalba Carriera ,* la gloire de ſon ſexe. Pluſieurs Dames s'étoient déja rendues célebres dans
les arts , mais on peut dire qu'à l'exception d'*Eliſabeth Sirani ,* de Bologne , l'admiration qu'on

leur accordoit, étoit accompagnée de quelque indulgence, & fondée plûtôt fur la rareté de leur fuccès, que fur l'excellence de leurs talens. Privées de la liberté d'étudier la nature nue, comme le font les hommes, on n'eft point en droit d'exiger d'elles un fçavoir auffi étendu dans des arts où cette étude eft d'une néceffité indifpenfable. Mademoifelle *Rofalba* s'étant attachée aux talens du paftel & de la miniature, les a portés à un fi haut degré de mérite, que non feulement les hommes les plus célebres dans ces genres ne l'ont point furpaffée, mais même qu'il en eft bien peu qui puiffent lui être comparés. L'extrême correction & la fcience profonde du deffein n'étant pas auffi abfolument effentielles dans ces genres, que dans celui de l'hiftoire, elle a atteint le but qu'on peut s'y propofer par la beauté de fa couleur. La pureté & la fraîcheur des tons qu'elle a fçu employer dans fon coloris, font admirables, & la belle facilité, auffi bien que la largeur de fa maniere, l'ont égalée aux plus grands maîtres.

Fin de la cinquieme partie.

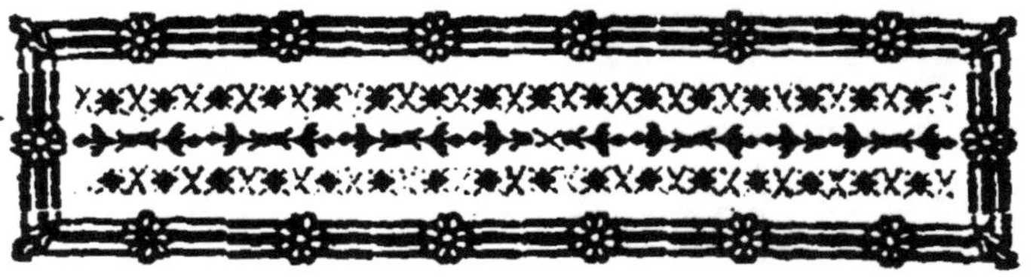

VOYAGE
D'ITALIE.

SIXIEME PARTIE.

PADOUE.

Sant' Antonio. La chapelle qui porte le nom de ce Saint eſt toute décorée d'architecture & de bas-reliefs de marbre blanc. Ils ont du mérite, ſoit dans la maniere de draper, qui eſt de bon goût & imitée de l'antique, ſoit dans la propreté de l'exécution. Il y a pluſieurs de ces bas-relief de *Lombardi*, quelques-uns de *Sanſovino*, où i y a quelque choſe de meilleur : mais en généra ils ſont tous traités avec peu de goût, & d'une maniere ſéche & pauvre. Le plus beau de tous eſt d

Campagna: il eſt traité d'une maniere plus large, & bien drapé. Il y a de fort belles têtes, bien correctes, & d'une belle forme.

Toute la voûte de cette chapelle eſt décorée de petits bas-reliefs d'ornemens & de figures d'un très-bon goût. *Les ornemens en ſont légers, délicats, de formes quarrées & ſages :* il ſeroit ſeulement à ſouhaiter qu'il y eût quelques plate-bandes unies, pour y donner du repos en quelques endroits.

Dans la ſeconde chapelle, à gauche, il y a un tableau d'un Chriſt mort, qui eſt deſſiné avec eſprit ; il eſt d'une maniere aſſez grande & méplate, de deux maſſes, mais elles ſont trop peu liées. Ce tableau d'ailleurs n'eſt pas aſſez fait, & la couleur en eſt extrêmement griſe & foible.

Dans la quatrieme ou cinquieme chapelle, à gauche, on voit un Crucifix, où il y a du mérite, & qui tient de l'imitation du *Guide.* Il y a auſſi ſix autres tableaux détachés, qui paroiſſent de la même main, & qui ſont de bonne maniere.

Dans les chapelles qui ſont derriere le chœur, on trouve quelques tableaux. Une Décollation de Saint Jean, de *Piazzetta.* La compoſition en eſt ingénieuſe : cependant il y a trop d'action dans la figure du bourreau qui releve ſa manche. La maniere de peindre eſt large, graſſe, pleine de

goût, & a quelque chose d'assez grand. La couleur est maniérée ; les ombres sont trop noires,
& les masses de lumiere trop blanches ; les draperies sont bien peintes ; il est bien dessiné, & avec
vérité. L'expression de la tête du Saint est belle,
mais le caractere n'en est pas noble.

Saint Barthélemi martyrisé, figures plus petites
que le naturel, & même petites dans le tableau.
Ce morceau est ingénieusement composé & dessiné
avec esprit, mais très-incorrect. La maniere en
est petite, le pinceau large, facile & moëlleux.
On y trouve des tons de couleur maniérés, mais
hardis & agréables, & il y a des draperies d'une
couleur bonne & vigoureuse : cependant le Saint
est trop blanc partout, & d'assez mauvaise couleur. Ce tableau paroît de *Tiepoletto*.

Une Sainte à qui l'on coupe les mammelles,
de *Tiepoletto* : c'est un très-beau tableau. Il est
dessiné avec goût & avec vérité, quoiqu'on y
trouve quelques incorrections. Les masses de lumieres & d'ombres sont bien distribuées, la maniere de peindre est facile, légere, & a en quelque façon un air de négligence très-agréable &
plein de goût ; les draperies sont bien exécutées
& peintes de bonne couleur ; la couleur des chairs
a des tons charmans, surtout les gris tendres des
ombres. La tête de la Sainte exprime bien la

douleur: ce n'eſt cependant pas une belle perſonne; l'ovale du viſage tient trop de l'homme,
& il y a trop de trous autour des yeux; le petit
enfant eſt trop rouge dans les ombres.

ſAINTE JUSTINE. Cette égliſe eſt grande, d'une
belle proportion, & très-majeſtueuſe. Le coup
d'œil général préſente un beau tout; cependant
les détails en ſont mauvais. La compoſition eſt
d'un ſeul ordre, qui porte la voûte, & eſt poſé
ſur un piédeſtal bas : ainſi la proportion en eſt
grande & noble.

Dans la troiſieme chapelle, à droite, eſt un
tableau d'un *Saint Evêque* renverſé, que l'on
perce d'une lance. Ce morceau a de grandes beautés, quoique ce ne ſoit qu'une eſpece d'ébauche.
Il eſt compoſé de grand goût, de peu de figures
ingénieuſement tournées, & bien diſtribué pour
l'effet. Il eſt deſſiné de grand caractere & d'une
maniere méplate; les têtes ſont belles, traitées
facilement & d'un pinceau large; la couleur en
eſt bonne, quoique griſe : les bourreaux ſont cependant un peu trop rouges dans les ombres; la
Gloire d'Anges eſt gracieuſe & peinte de beaux
tons de couleur. Ce tableau tient beaucoup de
Pietro da Cortona, avec cette différence que la
maniere en eſt plus méplate. Il eſt de *Carlo
Loth*.

A la cinquieme chapelle , à droite , on voit un grand tableau. repréſentant un Moine dans un trône , à qui l'on apporte des ſceptres & des couronnes. Il y a dans ce tableau de belles têtes, de beau caractere &. bien peintes ; les draperies en ſont bien pliſſées & exécutées d'une maniere grande ; la couleur , quoiqu'aſſez belle en beaucoup de choſes, a cependant trop de violâtre , & d'ailleurs elle eſt peſante. Il eſt de *Ridolfi Veroneſe.*

On voit dans cette égliſe un grand grouppe de marbre : il repréſente la Vierge & Jéſus-Chriſt mort au pied de la croix , la Magdeleine & Saint Jean. Il eſt bien compoſé, quoique le Saint Jean & la Magdeleine ſoient un peu trop iſolés. Ce grouppe eſt beau en général : mais la maniere en eſt petite , peu correcte & trop imitée du *Bernin.* La Magdeleine eſt tout-à-fait dans ſa maniere ronde & un peu boudinée. Il y a trop de petits plis dans les draperies , & d'ailleurs elles ſont molles. Le Chriſt , qui a des beautés , a cependant trop de petits muſcles dans ſon corps. Le tout manque de ſimplicité, & eſt maniéré, particuliérement les actions des mains. Il eſt de *Filippo Parodi Genoveſe.*

Au maître-autel , on voit un grand tableau de *P. Veroneſe :* c'eſt le Martyre de Sainte Juſtine. Il y a en haut une Gloire , où eſt Jéſus-Chriſt ,

la Vierge & Saint Jean. La compofition en eft
grande, magnifique & très-ingénieufe ; particuliérement le bas du tableau eft bien difpofé pour
faire le plus bel effet; les maffes d'ombres font
très-grandes & bien diftribuées, & d'ailleurs il y
a quantité de chofes admirables en détail; la
Gloire ne fait pas un auffi bon effet; les ombres de chaque objet, ni les ombres portées, ne
font pas affez décidées. Ce ne font que les couleurs locales qui diftinguent le grouppe d'enfans
au deffus de la Sainte : d'ailleurs ces enfans ne
font pas affez grouppés, & l'effet en eft d'autant
plus embarraffé, que le ciel, qui devroit leur
faire un fond clair & de repos, eft noirci par taches : c'eft un effet du temps qu'on ne peut reprocher à l'auteur, & en général c'eft un tableau
digne d'admiration.

Les bas-reliefs en bois, qui décorent le chœur,
ne valent rien, & c'eft en général une mauvaife
idée que de décorer le bas d'une églife coloffale
avec de fi petites chofes (1).

(1) On a commis la même faute au chœur de l'églife de
Notre-Dame de Paris. Quelque bien exécutés que puiffent
être ces bas-reliefs, quelle relation ont-ils avec le tout ? On
devroit pofer pour principe, que toute fculpture plus petite
que nature, eft ridicule dans un grand lieu, & établir,
comme une regle inviolable, qu'une figure une fois pofée
relativement à la grandeur de l'architecture, elle fervît de
mefure pour toutes les autres, & qu'il n'y fût point admis

A la cinquieme chapelle , à gauche , on voit
fur des nuées un Moine vêtu de noir, qui guérit
des malades. Il y a du génie dans ce tableau ; les
figures d'en bas font affez bien deffinées , & avec
goût ; la couleur en eft fauffe , maniérée & trop
rouge. Il eft de M. *le Febvre.*

Dans la quatrieme chapelle qui fuit , eft un tableau de plufieurs Martyrs, où il y a des chofes
gracieufes : mais il eft trop flou , & dans une efpece de brouillard. La couleur en eft grife & maniérée. Il eft de *Luca Giordano* : mais il eft foible , & on a peine à l'y reconnoître.

A la troifieme chapelle enfuite , eft un tableau
repréfentant un Saint qu'on enchaîne. Il eft ingénieufement grouppé , & affez bien deffiné en général ; les draperies font de plis bien formés ,

de fculpture , ni plus grande, ni plus petite. On pourroit
cependant s'écarter de cette loi dans les bas reliefs , parce
que le bas-relief n'a aucune prétention à faire illufion. La
fculpture , à la rigueur , ne le peut pas , puifqu'elle n'a pas
les couleurs de la nature : mais elle trompe autant qu'il eft
en elle , lorfqu'elle eft de ronde boffe , en ce qu'elle imite la
nature exactement dans fes formes , & la repréfente parfaitement dans la fuppofition des fables anciennes de perfonnes
changées en pierres. Le bas-relief au contraire ne l'imite
pas de même ; il en rappelle feulement l'idée , & n'eft proprement qu'un deffein rehauffé : c'eft pourquoi la figure de
ronde boffe doit être d'une grandeur toujours la même dans
le même édifice , tandis que le bas-relief peut être de toutes
fortes de grandeurs. Cependant il doit conferver une proportion relative à la grandeur du lieu.

& il eſt aſſez bien peint ; la couleur eſt dure ; tranchée d'ombres, & ſouvent ou trop rouge ou trop griſe ; les lumieres ſont aſſez bien grouppées, mais trop trouées. Il eſt d'*Antonio Zanchi.*

On voit à la ſeconde chapelle, du même côté, un tableau d'un Pape implorant la Vierge dans un temps de peſte. Il eſt bien compoſé & peint avec beaucoup de facilité, de légéreté & d'eſprit. Il y regne un ton général rouge, qui le rend un peu monotone : il y a cependant de très-beaux tons en détail, particuliérement dans la maniere de traiter les ombres reflétées des draperies, & dans le ciel qui eſt clair & agréable ; les chairs ſont peintes avec moins de fraîcheur. Il eſt de *Sebaſtiano Ricci.*

Dans la chapelle du Saint-Sacrement, on voit un plafond du même *Ricci.* Il eſt mauvais.

Dans l'ancienne égliſe qui tient à celle-ci, & qui ſert à préſent de chœur pour les offices de nuit, on voit un tableau ancien, de *Girolamo Rumani da Breſcia :* il repréſente la Vierge ſur un trône, avec pluſieurs Saints. Ce tableau eſt d'un pinceau doux, fondu & très-aimable. L'exécution en eſt admirable dans tous les détails des étoffes ; la couleur en eſt forte, belle & d'un bon effet. Il y a des têtes d'une grande vérité, & qui ne manquent pas de nobleſſe. Ce morceau a de la ſéchereſſe & de la froideur par l'excès du fini : mais c'eſt une belle choſe par rapport au temps où il a été fait.

La Maison du Cardinal Bembe. On y voit un portique dont l'architecture eſt aſſez belle, ſurtout pour le temps où elle a été faite, une ſalle & quelques cabinets peints par *Jean da Udine*. Tout eſt orné d'arabeſques d'aſſez bon goût, mais foiblement exécutées. Il y a quelques grandes figures, qui n'ont de bon que quelque idée du goût de *Raphael*, & de petits bas - reliefs en peinture, aſſez paſſablement touchés, & qui tiennent du goût de l'antique.

Cataglio, château à ſept milles de Padoue. Le ſecond appartement eſt entiérement décoré de peintures à freſque, que l'on dit de *P. Veroneſe*. Preſque tous les ſujets d'hiſtoire ſont d'aſſez mauvais morceaux, d'un génie médiocre, & qui n'a rien d'extraordinaire. Outre que la couleur eſt affoiblie par le temps, les carnations en ſont preſ-que partout rouges, & ſans paſſages de demi-teintes. La plûpart des têtes & des mains n'ont rien de bon que quelque facilité. Les draperies ſont mal formées, & leurs lumieres ne ſont le plus ſouvent que des filets étroits, qui ne forment point de plis, ou qui n'en font que de très-roi-des ; il y a d'ailleurs peu d'effet de lumiere. Il faut cependant diftinguer quelques morceaux meilleurs que les autres, comme les Citoyens d'une ville donnant leurs clefs; la Cérémonie du mariage, où il y a de bonnes chofes, & quelques têtes belles & touchées avec beaucoup d'art. Les grandes figures allégoriques font ce qu'il y a de plus beau, quoique fouvent les figures d'hommes ne paroiffent que des camayeux de couleur de biftre. Les femmes font d'une couleur plus agréable & plus belle, mais ordinairement elles font deffinées incorrectement. Les parties, comme mains & pieds, font prefque partout touchées groffiérement, avec peu d'efprit & de délicateffe. Il y a quelques-unes de ces figures dont les têtes font belles & peintes avec facilité & légéreté, telles que la Foi, la Fortune, qui en général eft bien peinte & d'un ton agréable; & la Riviere d'Arno, qui eft grouppée avec un fleuve. Ce fleuve eft deffiné avec caractere, excepté la tête: d'ailleurs il eft incorrect & d'une couleur fale & biftrée. La foibleffe de ces ouvrages donne lieu de penfer qu'ils font peints par les éleves de *P. Veronefe*, & en quelques endroits retouchés de fa main. C'eft à quoi il paroît naturel d'attribuer l'inégalité qui s'y voit fenfiblement, qui n'eft pas feulement d'un morceau à un autre, mais qui fe trouve quelquefois dans la même figure. Telle eft celle qu'on remarque dans la Fortune, dont le corps est très-bien peint, tandis que les jambes & les cuisses sont beaucoup moindres. On y voit des parties d'étoffes bien peintes, & d'autres mal drapées, de plis sans formes & faits au hazard, avec un coloris rouge, des demi-teintes olivâtres, & des ombres noires : cependant on voit quelquefois dans les chairs de femme des demi-teintes grises, qui sont fraîches & de la plus belle couleur. On trouve dans les fonds des sujets de petites figures très-spirituellement touchées. En général toutes ces peintures ne sont qu'à demi-finies, & paroissent faites très-vîte, sans soin & sans étude. Si l'on veut les croire de *P. Veronese*, il est certain qu'elles ne sont point de son beau, & qu'on voit à Venise des fresques de ce maître, qui leur sont très-supérieures.

VICENCE.

L'EGLISE CATHÉDRALE. Dans la premiere chapelle, à droite, on voit un méchant tableau excellemment compofé. Il paroit que c'eft une copie d'après *P. Veronefe* : il repréfente la Pêche miraculeufe.

Au fanctuaire il y a un tableau, dont le fujet eft *in hoc figno vinces*. Il eft deffiné d'affez large maniere, & bien peint.

Deux tableaux repréfentant l'Annonciation.

Un tableau de l'hiftoire de Pharaon. Il eft très-ingénieufement compofé, d'une maniere grande & bien peint. L'Arc-en-ciel, montré à Noé, eft pareillement bien peint, & il s'y trouve de bonnes têtes. Ces deux tableaux paroiffent du *Cavaliere Liberi*. On y reconnoît fon mauvais ton rouge.

Il y a auffi un tableau du Serpent d'airain, qui peut être du même, & qui n'eft pas fans mérite.

On trouve un bon caractere de deffein dans celui qui paroît repréfenter Moïfe, à qui l'on foutient les bras pendant qu'il prie. Les têtes & les mains font bonnes : il eft fort gâté.

Dans la chapelle, près la sacristie, est un tableau moderne, représentant la Vierge & l'Enfant Jésus; en bas, un Saint Evêque & un Moine vêtu de noir. Il y a du bon dans la maniere de peindre, & du goût. Il peut être de *Piazzetta.*

La chapelle qui suit, contient six tableaux médiocres, qui paroissent être de l'école du *Tintoretto* ou des *Palma.* Le meilleur est celui de la Cene : il y a de bonnes choses. Le premier, à droite, est une Conversion de Saint Paul, tableau bien composé, mais si foible d'ailleurs, qu'il ne semble qu'une copie.

SANTA CORONA. Eglise des Dominicains. Dans la croisée de l'église, à gauche, on voit une Adoration des Rois, de *P. Veronese.* Ce tableau est d'une grande beauté; il y a de très-belles têtes : cependant l'Enfant Jésus n'est pas agréable. La tête de la Vierge est très-gracieuse, quoiqu'il y ait quelque incorrection de dessein, en ce que la bouche ne tourne pas bien avec les yeux. Ce mórceau est peint d'une très-belle couleur, & d'un pinceau facile & très-hardi : il y a des étoffes excellemment rendues. L'on y voit un des trois Rois vêtu de damas rouge, comme un Sénateur Vénitien. Les petits enfans de la Gloire sont d'une naïveté charmante. La composition en est fort bonne : cependant on ne sent pas bien le plan des figures de derriere. Au reste ce tableau est assez bien conservé, & l'effet en est saillant.

Un tableau ancien, de *Montagna*. Il y a une figure de Saint Jérôme, Cardinal, assez belle.

Un tableau du *Bassano*, où l'on voit un Saint qui fait l'aumône aux pauvres. Ce morceau est assez bien composé, & il y a quelques têtes assez bonnes : mais la couleur en est foible, & le pinceau trop fondu.

Un Baptême de Jésus-Christ, de *Giovan' Bellino*. Le Christ est assez bien dessiné ; la tête en est belle ; le pinceau est doux : du reste ce morceau est sec & d'un goût gothique.

Saint Dominique passant la mer, d'*Alessandro Megari*. Ce tableau est dans la maniere du *Palma*, le jeune. Il y a quelque chose d'assez bon dans la Gloire.

S. BIAGIO. Dans la premiere chapelle, à gauche, on voit une Adoration des Rois, de *Maffei*. Il y a le mérite de l'imitation de *P. Veronese*.

Le troisieme tableau, du même côté, représente un Saint Moine devant un Juge. Ce morceau est brossé avec facilité ; le pinceau en est gras, & la couleur hardie. Il y a du goût & quelques têtes bien touchées.

Dans une chapelle, à droite du sanctuaire, on voit un tableau du *Cavaliere Liberi*. Il est mauvais :

cependant il y a quelques tons agréables ; mais une couleur rouge y domine trop.

A la quatrieme chapelle, à droite, eſt un Baptême de Jéſus-Chriſt, où il y a du mérite, du pinceau & de la couleur.

A la troiſieme chapelle, du même côté, on voit un Chriſt flagellé, qui paroît du *Guercino*, & qui eſt fort beau & bien peint. La tête du Chriſt eſt très-belle. Le ton général tient le milieu, quant aux diverſes manieres de ce maître, c'eſt-à-dire, entre ſa couleur bleuâtre & ſa couleur rougeâtre : il tire plutôt ſur le gris.

Au premier autel eſt un tableau dans le goût du *Tintoretto* ou du *Palma*. Il y a de bonnes choſes, particuliérement la tête du Saint.

On voit encore dans cette égliſe un fort beau tableau de *Giac. Baſſano* : il repréſente Saint Roch qui guérit les peſtiférés. Il y a des choſes d'une très-belle couleur, quoique toujours avec un coup d'œil général olivâtre dans les ombres. La tête de femme n'eſt pas belle ; le petit fond eſt très-bien touché.

Deux tableaux du *Meganzi*, l'un repréſentant l'Enfer, & l'autre le Paradis : ils ſont foibles.

Un Poſſédé guéri, de *Lozzi*.

Un Chriſt qui guérit des malades, où il y a des

chofes affez bien touchées : mais la couleur en eft plate , & ne fait point d'effet.

ARA CELI. Au maître-autel il y a un grand tableau , où l'on voit la Vierge , plufieurs Anges & quelques autres figures en bas, du *Cavaliere Liberi.* Il y a du bon dans la maniere qui eft grande , & dans le pinceau qui eft facile ; mais la couleur en eft fauffe & trop rouge.

Un tableau de la Conception , de *Tiepoletto.* Il eft incorrect, & la Vierge eft trop longue : au refte il eft d'un beau pinceau , & l'on y voit des tons de couleur charmans, & des reflets d'un beau gris coloré.

Un Saint François en extafe, foutenu par un Ange, de *Piazzetta.* La maniere en eft ferme, mais les ombres font trop noires, trop tranchées & monotones dans un ton de biftre.

S. GAETANO. On y voit l'Apothéofe d'un Saint Théatin. Ce tableau eft bien & affez correctement deffiné : il tient beaucoup de la maniere de *Solimeni.* Les ombres en font fort noires , d'un ton fale & de couleur d'encre.

De l'autre côté , vis-à-vis, on voit une Vierge, dont la tête eft affez belle , & la draperie d'un pinceau large. Les petits enfans ne font ni de belle couleur, ni bien deffinés.

S. MICHAELE.

S. MICHAELE. Un tableau du Jugement dernier, de *Maffei*. Il eſt aſſez bien compoſé, mais d'une maniere ſéche.

Une Chûte des Anges, de *Carpioni*. Ce tableau eſt compoſé d'un génie chaud, & deſſiné avec caractere. Le pinceau en eſt gras & moëlleux; les ombres ſont trop noires.

Un tableau du *Tintoretto*, où l'on voit Saint Auguſtin, & en bas des peſtiférés. Il eſt bien conſervé, peint d'une maniere ferme, un peu gris de couleur, & fort incorrect de deſſein: le fond eſt touché avec beaucoup d'eſprit.

Sainte Anne & un Ange, tableau dont la maniere eſt ferme, & qui ne manque pas de goût. Il y a des choſes peintes d'un pinceau doux & flatteur. .

On voit encore dans cette égliſe pluſieurs tableaux anciens, de *Montagna*, où il y a d'aſſez belles choſes, quoique traitées ſéchement. Ils ſont aſſez bien drapés: mais les plis ſont trop caſſés.

SANTA CATHERINA. Au maître-autel eſt un grand tableau du *Cavaliere Liberi*: il repréſente le Mariage de Sainte Catherine avec Jéſus-Chriſt. Il eſt médiocre, quoiqu'il y ait des choſes aſſez bien peintes.

A côté, à gauche, on voit un tableau d'un

peintre moderne, dont le fujet eft une Sainte dé-
capitée. Ce morceau n'eft pas fans mérite; entr'autres chofes la tête de la Sainte eft fort belle :
elle paroît imitée du *Guide.*

S. LORENZO. Seconde chapelle, à gauche, on
voit un tableau de la Trinité, mauvais & eftro-
pié partout, qui a cependant du mérite : on y
trouve un coloris vigoureux, & des tons de demi-
teintes d'une très-belle couleur.

On voit encore dans cette églife quelques peintures anciennes, où il y a du bon.

CARMELITANI SCALZI, ou les Carmes déchauffés. On voit au fecond autel, à droite, une Sainte
Thérefe, qu'un Ange bleffe d'un dard. Ce tableau
eft moderne, & d'une maniere petite; la couleur
en eft à la vérité fort agréable, mais maniérée.

Vis-à-vis eft un tableau de la Sainte Vierge
donnant un vêtement à un Carme. Il y a du mérite dans la compofition & dans le deffein : mais il
eft dur de maniere & de couleur, & il y a peu de
variété dans les tons.

Sur le pilier il y a un Saint Jérôme fort noirci,
mais qui paroît bon.

S. BARTHOLOMEO. On y voit quelques tableaux
anciens, où il y a des vérités, mais pauvrement
rendues, & d'une nature baffe.

A gauche du fanctuaire eft un tableau du Mar-

tyre de Saint Barthélemi : il eſt deſſiné d'aſſez
grand caractere , quoiqu'incorrect , & le Saint eſt
peint d'aſſez bonne couleur.

Dans une chapelle enfoncée, à gauche de l'é-
gliſe, eſt un tableau d'une Fuite en Egypte , où il
y a beaucoup d'effet & d'intelligence de lumiere.
Il eſt peint facilement ; la couleur en eſt aſſez
bonne , quoique maniérée.

La Madonna di Monte Berrico. On va à
cette égliſe à couvert ſous un portique. On voit
dans le réfectoire un grand morceau de *P. Veroneſe.* Le ſujet eſt un Repas de Jéſus-Chriſt , & au
milieu de la table ſont , le Pape, deux Cardinaux
& pluſieurs autres figures. Cette compoſition eſt
fort belle , & à ſon ordinaire la ſcene eſt ſous un
portique , dont les colonnes ſemblent diviſer le
ſujet en trois. L'architecture a de la magnificence;
l'effet total du tableau eſt fort beau , & le ciel bien
conſervé ; les têtes ſont , pour la plûpart , très-
belles , particuliérement celle d'un Moine vêtu de
noir. Le grouppe ſur l'eſcalier , à gauche, eſt foible. Il y a beaucoup de choſes qui ont été gâtées
par le temps, entr'autres une figure vêtue de jaune
brun , dont les ombres ſont effacées , néanmoins
le tout fait un grand effet.

Le Palais de la Justice. L'architecture extérieure eſt de *Palladio ;* elle eſt fort belle ; ſurtou

en égard à la fujétion où il s'eft trouvé de s'accor‑
der avec l'ancienne falle gothique, qui fait la
piece principale de l'intérieur de ce palais.

On voit dans une autre falle un tableau en éven‑
tail, d'un des *Baffano* : on croit que c'eft de
Giacomo. Il repréfente la Vierge fur un trône,
Saint Jofeph, quelques Sénateurs à genoux, un
efcalier, fur lequel montent quelques Vieillards,
& au haut un Soldat debout, un Pélerin affis, &
quelques Pages : c'eft un des plus beaux morceaux
de ce maître. Les têtes en font frappées avec beau‑
coup de fermeté, & d'une couleur vraie, quoi‑
qu'en quelques endroits un peu rouge ; la tête du
Saint Jofeph eft très-belle, vraie & bien peinte.
La Vierge & l'Enfant ne font pas les meilleures
figures du tableau. On y voit un Singe & deux
Chiens, qui font très-bien peints.

A droite & à gauche fe trouvent plufieurs ta‑
bleaux qu'on voit fort mal, parce qu'ils font gâ‑
tés, & dans l'obfcurité. Il y en a deux, entr'autres,
qui ont du mérite pour la compofition, la facilité
& la largeur du pinceau : ce font le fecond à gau‑
che, & le troifieme à droite.

Palazzo Vecchia. On voit dans ce palais
quatre grands tableaux, de *Luca Giordano*, dont
les figures font de grandeur naturelle. Les fujets
font : le Jugement de Salomon, le Maffacre des

Innocens, l'Enlévement des Sabines, les Vendeurs chaffés du temple. Ce font de très-beaux morceaux, vigoureux & bien dignes de ce maître. Ils font un peu obfcurs.

Un grand plafond de *Tiepolo* : il repréfente un Héros affis fur un lion, les Sciences & les Arts. Il eft compofé du plus beau génie, neuf, piquant & excellemment bien entendu de plafond. Il eft d'un effet clair & très-agréable, & d'une belle fraîcheur de couleur ; le ciel paroît prefque auffi lumineux que le ciel véritable ; les figures font peintes avec une belle facilité & beaucoup de légéreté, & les têtes de femmes ont beaucoup de gentilleffe & de graces ; les petits enfans font charmans. On peut cependant reprocher à ce tableau que les tons de couleur font trop également beaux & frais partout; ce qui lui ôte l'harmonie & l'accord, & le rend trop pétillant. Il eft befoin que le temps en faliffe les ombres.

. Dans l'appartement d'en bas on voit deux tableaux allégoriques, qui paroiffent du *Cavaliere Liberi*. Il y a du mérite, quoiqu'il n'y ait rien d'excellent, & qu'il y paroiffe de la féchereffe.

Plufieurs efquiffes : une paroît de *Luca Giordano* ; les autres font de *Piazzetta* & de *Tiepoletto*. Elles font très-bien compofées, & fpirituellement touchées, particuliérement celle de *Tiepoletto*, dont la composition a toujours quelque chose de piquant & de neuf.

Un Saint Jérôme, de *Langetti*, peint d'une belle facilité. Il y a des tons de couleur frais, du caractere & des vérités de deffein.

On voit, du *Cavaliere Liberi*, une Femme qu'on déchaîne. Elle eft belle, bien peinte & bien deffinée : les chairs d'hommes qui s'y trouvent, font un peu trop rouges.

On voit auffi, du même peintre, une Junon qui reproche à Jupiter fon déguifement en taureau, ou bien qui change Io en vache.

Il y a encore quelques tableaux & efquiffes qui méritent d'être remarqués, entr'autres une Naiffance de la Vierge, petites figures, du *Giordano*. Ce morceau eft beau, peint facilement & graffement, mais fort noirci & trop croqué. Il y a quelques têtes qui font belles, & d'autres trop négligées. En général les tableaux de *Luca Giordano*, qu'on voit dans cette ville, font dans un ton noir ; la plûpart des ombres font d'un ton brun olivâtre, qui rend le tout monotone.

On voit auffi deux tableaux d'animaux, de M. *Roos* ou de *Salvator Rofa*, dont l'un, où eft une chevre, eft bien broffé : le petit fond en eft très-beau.

L'architecture de ce palais eft belle : cependant le fallon eft gâté par la baluftrade.

La ville de Vicence eſt célebre par pluſieurs palais commencés, de *Palladio*. Ils préſentent toujours un aſpect noble & grand. Ils ſont ſouvent décorés de portiques à colonnes. On peut remarquer, entr'autres, avec quel art ce grand architecte a ſçu ſupprimer les pilaſtres, lorqu'ils n'étoient pas néceſſaires, & qu'ils pouvoient l'embarraſſer. Le morceau le plus achevé qu'on voie de lui eſt le théâtre fait à l'imitation des antiques, dont le plan eſt un ovale coupé ſur la longueur, décoré de gradins & d'une belle colonnade. Toute la partie des décorations où il a voulu mêler des ſaillies réelles & de relief avec des fuyans de perſpective, eſt fort mauvaiſe: mais la ſalle qui contient les ſpectateurs eſt une belle choſe, & vraiment un modele pour conſtruire un théâtre.

Quoiqu'il puiſſe paroître difficile d'allier un ſemblable plan de théâtre à nos uſages, dont nous avons la foibleſſe de ne ſçavoir pas nous départir, il n'en eſt pas moins vrai que celui-ci eſt le ſeul qu'on voie en Italie, qui ſoit d'une belle forme & d'une belle décoration, ſi l'on en excepte celui de Parme, qui n'en eſt qu'une imitation. C'eſt une forme très-irréguliere & très-déſagréable que celle d'un œuf tronqué, qu'on a donnée à tous

M iv

ceux d'Italie : d'ailleurs cette divifion en loges égales empêche abfolument toute décoration de belle architecture, & ne préfente qu'un coup d'œil femblable à des catacombes, bien différent de cette magnifique colonnade qu'offre celui de *Palladio.* Quant aux gradins, il n'y a pas de moyen plus favorable pour contenir beaucoup de monde en peu d'efpace, & pour faire que ces perfonnes produifent elles-mêmes un fpectacle magnifique. Ce demi-ovale coupé fur fa longueur, eft le moyen le plus fimple & le plus agréable de mettre prefque tous les fpectateurs en face des acteurs. On ne peut point faire de théâtre où tout le monde foit également bien placé : mais c'eft par ce plan qu'on peut approcher le plus près de ce but. Il faudroit fans doute fupprimer de celui de Palladio les deux murs qui terminent les gradins, & qui foutiennent le plancher : ils font perdre beaucoup de places ; mais il feroit facile de s'en paffer, & on trouveroit aifément des moyens de rapprocher cette idée générale de nos ufages auxquels nous fommes attachés ; & s'il eft permis d'en propofer, ne pourroit-on pas achever l'ovale entier, & qu'un de ces grands côtés fût le *profcenium.* Si l'on oppofe que ce *profcenium* feroit trop large, on peut remarquer 1°. que la grandeur ordinaire de nos théâtres, dans leur plus grand côté, donneroit à peine une avant-fcene égale à celles qu'on voit aux grands théâtres d'Italie ; 2°. que comme à tous les théâtres il y a des loges qu'on regarde comme moins commodes , & qui font deftinées à recevoir les acteurs & actrices des autres théâtres , on pourroit les mettre dans ces loges en retour ; que quelque grande que foit cette ouverture , elle ceffera de l'être fi on la divife en trois, c'eft-à-dire, une grande au milieu pour la fcene, & les autres pour les *aparte* , à quoi l'on ne fonge point , & dont le défaut de vraifemblance détruit toute l'illufion de la piece. Ce *profcenium* étant en enfoncement, laiffe la liberté d'avancer le théâtre, & d'amener l'acteur au dedans de la falle, qui d'ailleurs n'étant pas profonde , mettroit le fpectateur à portée d'entendre facilement partout. Le parterre feroit affez grand pour affeoir les fpectateurs en tout ou en partie. Si quelque architecte croyoit que la grande portée du plafond fût un obftacle à fon exécution , on pourroit lui confeiller d'apprendre la charpente en Italie. Nos premiers théâtres ayant été faits dans des jeux de paulmes , qui étoient fort étroits & profonds, prefque tous ceux qui en ont conftruits depuis, ont cru qu'il étoit défendu de fortir de cette idée, & en effet nous fommes fi monotonnes , que quelqu'un qui

oseroit propoſer de les faire plus larges que profonds, pourroit bien paſſer d'abord pour in-
ſenſé. On s'écrieroit : à quoi cela reſſemble-t'il?
Quoi! c'eſt-là un théâtre? Il ſe paſſeroit beaucoup
de temps avant que l'on convînt, malgré l'évi-
dence, qu'on y entend, & qu'on y voit mieux.
Mais on reviendroit enfin de ces préjugés d'habitude, & par la ſuite l'étonnement ſeroit qu'on ait
pu ſupporter ſi long-temps une forme auſſi défec-
tueuſe que celle que nous avons juſqu'à préſent
donnée à nos théâtres.

VERONE.

On remarque d'abord, dans cette ville, l'Amphithéâtre ou Arene. Il est de forme ovale, avec quarante-cinq gradins, qui peuvent contenir commodément environ vingt-deux mille personnes. Il fut bâti par ordre du Conseil de Vérone, dans le temps de la République (1). Cet Amphithéâtre est très-curieux pour sa conservation ; les gradins & les corridors y sont entiers ; l'architecture n'en est pas fort belle ; elle est lourde ; les profils des chapitaux ou impostes ne sont pas beaux.

Au Palais du Conseil, sur *la Piazza dei Seignori*, on voit plusieurs statues, dont quelques-unes, entr'autres celle de l'Ange, de bronze, & celle de la Vierge, de marbre, sont de *Girolamo Campagna.* Il y a quelque chose de bon : mais la sculpture n'étoit pas encore au point où elle est parvenue depuis.

A la Fontaine de la place aux Herbes, on voit une statue antique, qui représente Vérone : mais elle est mauvaise.

Au Palais du Comte Bevilacqua, on voit

(1) *Voyez* Vitruve.

plufieurs buftes d'Empereurs Romains : prefque tous font très-beaux.

Il y a auffi dans ce palais une ftatue qu'on croit repréfenter un Endimion dormant : c'eft une très-belle figure, & du bel antique.

DANS LA VOIE EMILIENNE, près DE CASTEL VECCHIO, on voit les reftes d'un Arc de triomphe antique, qui néanmoins n'eft pas de fort belle architecture.

Sur la même voie Emilienne on voit encore une porte antique à deux arcades : l'architecture n'en eft pas belle, & ce qui eft au deffus des portes eft mefquin.

AU PALAIS DU COMTE MURANI il y a beaucoup de camayeux de différentes couleurs, de *Dominico Brufaforzi*. On y voit entr'autres le combat des Centaures & des Lapithes, en camayeux de couleur verte. Cette peinture, qui eft la mieux confervée, eft de grande maniere ; le deffein en eft un peu tortillé à la mode de ce temps. Le pinceau eft facile, & les têtes font touchées largement, de peu d'ouvrage & de bon caractere.

A L'EGLISE CATHÉDRALE on voit un tableau repréfentant l'Affomption de la Vierge, du *Tiziano*. Ce morceau eft admirable & bien confervé ; la compofition en eft fage & belle ; la couleur belle & très-forte ; la tête de la Vierge eft noble

& sainte ; la figure semble faire une tache dans le tableau , parce qu'étant fort colorée , & d'ailleurs noircie par le temps , elle se trouve environnée de nuages clairs , & du vrai gris clair dont sont les nuages du ciel. Elle n'a rien d'ailleurs qui lie , ni qui grouppe ses ombres avec le reste du tableau; les bords en sont noirs & tranchés sur le fond clair. Les têtes des Apôtres sont d'une couleur forte, d'un pinceau gras , peintes & finies ; le ton des chairs est un peu basané : les lumieres cependant n'en sont pas jaunes. La tête d'un jeune homme qui regarde dans le tombeau , est peinte & dessinée d'une maniere admirable. Cette tête est d'un caractere peu noble , ainsi que celles qui sont sans barbe : les vieillards ont plus de dignité. Il y a aussi deux mains jointes , qui sont d'une grande vérité , & d'une grande finesse de dessein.

Près du maître-autel , du côté de l'évangile , on voit sur le mur le tombeau d'un Evêque, par *Andrea Sansovino*. Il y a dans ce morceau des choses rendues avec finesse & propreté , & d'un goût sage ; l'ensemble est correct ; la maniere en est un peu petite.

Sur la porte du chœur on voit un Crucifix de bronze, ouvrage de *Michel Sanmichaeli.* La tête en est belle ; le reste est assez correct , mais traité avec peu de goût.

Dans la chapelle de Saint Nicolas il y a un tableau de *Bellino*, repréſentant Jéſus-Chriſt crucifié. Il eſt aſſez bien compoſé & groupppé ; les grouppes y ſont liés & aſſez bien drapés, & il y a quelques vérités dans les têtes : mais la maniere en eſt petite, ſéche & ſans force de couleur.

Les autres peintures de cette chapelle, ainſi que celles des portes de l'orgue qui eſt auprès, ſont de *Biagio Falcieri*. Elles ſont d'une couleur un peu outrée, mais cependant aſſez bonne & forte : d'ailleurs noircies, peu correctes de deſſein ; enfin médiocres.

S. BERNARDINO. La chapelle de la maiſon Pellegrini, eſt d'une très-belle architecture, & exécutée avec la plus grande propreté. Les ornemens en bas-relief ſont du meilleur goût, travaillés avec beaucoup de netteté & de bonne maniere : il ſeroit à ſouhaiter que l'architecte n'eût point cannelé quelques-unes de ſes colonnes en ſpirale. Cette architecture eſt de *San Micheli*. On voit encore, du même auteur, la porte dite *Stupa* ou *del Palio*. L'architecture en eſt noble & de grand goût : c'eſt une très-belle choſe. Il ſemble qu'il ait trop alongé l'ordre Dorique, & il n'y a point mis de baſe ; ce qui eſt fort déſagréable : uſage autoriſé par les Antiques ; mais c'eſt en quoi il ne faut pas les imiter.

Santa Helena. Il y a un tableau d'autel, qui repréſente la Vierge; en bas on voit la Croix, Sainte Hélene, l'Empereur Conſtantin, & quelques autres Saints, de *Felice Bruſaſorzi*. Ce morceau eſt peint avec beaucoup de douceur, d'une couleur griſe, mais aſſez agréable. Il y a de fort belles têtes, entr'autres celle d'un Diacre, qui eſt très-bien peinte & très-bien deſſinée. Celles de la Vierge & de l'Enfant Jéſus ſont meſquines. Il y a en bas un mauvais enfant. Ce peintre tient en beaucoup de choſes de l'imitation de *P. Veroneſe*. Les Véronois le comparent à ce maître : mais il en eſt loin.

S. Giovanni in fonte. Au maître-autel on voit le Baptême de Saint Jean, tableau de *Paolo Farinato*. Il eſt deſſiné de grand caractere, & peint d'une maniere large : mais la couleur en eſt biſe, & il eſt incorrect de deſſein.

Eglise de S. Giorgio. Le tableau du maître-autel, qui eſt de *P. Veroneſe*, repréſente Saint George qui refuſe d'adorer les idoles. La compoſition en eſt grande, très-belle & grouppée d'une maniere très-ingénieuſe, vue un peu en deſſous, ainſi que la plûpart des compoſitions de ce maître. Les têtes ſont admirables, ſurtout celle du Saint, qui eſt de la plus grande beauté, & d'une forte expreſſion. Le ton général eſt un peu gris, &

dans les ombres, un peu violâtre. Le grouppe
d'en haut eſt plein de graces ; les femmes ſont
bien vêtues, & dans des attitudes gracieuſes : cependant il eſt un peu foible, quant au tout-enſemble. Il ſemble qu'il y faudroit quelques ombres plus fortes. Les bords des grouppes d'en bas
ſont un peu tranchés. Le pinceau eſt facile : on y
voit de belles mains, un peu alongées & bien deſſinées.

Au côté de l'autel on voit deux grands tableaux,
dont l'un, de *P. Farinato*, repréſente le Miracle
des cinq pains. Il eſt aſſez mal deſſiné, ſans effet
& gris : il y a quelques têtes qui ſont belles &
d'aſſez grande maniere. L'autre, qui eſt de *Bru-
faſorʒi*, repréſente la Manne dans le déſert. Il eſt
aſſez bien compoſé, & plus vigoureux que le premier.

Dans la même égliſe, on voit un tableau de
Paolo Veroneſe, repréſentant Saint Barnabé qui
donne ſa bénédiction aux malades. Ce morceau
eſt admirable, bien diſtribué de lumieres & de
grandes ombres, bien traité de reflets ; on y
trouve de belles vérités de deſſein & un pinceau
gras, fondu, doux & grenu ; la tête du Saint
eſt belle auſſi-bien que celles des femmes ; *le
corps du malade eſt excellent & bien peint : le*

ton

ton général eſt, dans ce tableau, meilleur & plus moëlleux que dans celui du Maître-Autel.

Pluſieurs autres tableaux, dont un de *Monte Mezano*, éleve de *P. Veroneſe.* Il eſt fort dans la maniere de ſon maître : il y a des choſes gracieuſes, mais il eſt ſec ; la couleur en eſt jaunâtre & mauvaiſe.

Sur la porte de l'égliſe, on voit un tableau qui repréſente le Baptême de Saint Jean, du *Tintoretto.* Il eſt de fort grand caractere. L'action eſt outrée à l'excès, & a trop de feu.

SANTA MARIA IN ORGANIS. Il y a une Aſſomption de *Giacinto Brandi*, qui eſt médiocre.

On voit aux côtés du chœur, pluſieurs tableaux très-mal deſſinés, quoique la maniere en ſoit aſſez grande : la compoſition eſt de figures d'un aſſez bon choix, mais d'une couleur griſe & plate.

Dans la chapelle *della Muleta* ; il y a quelques morceaux à freſque, de *Bruſaforzy*, aſſez mauvais ; cependant il y a quelques têtes qui ſont aſſez bonnes.

Dans la chapelle de Saint Bernard, on voit ce Saint battu par les Démons. Ce tableau de *Luca Giordano*, eſt foible de caractere de deſſein, & mou dans la maniere de former ; la couleur des diables n'a point de vérité, & eſt d'un ton de biſtre rougi ; d'ailleurs peu fini, quoiqu'un peu *sfumato* : il eft bien compofé pour faire de l'effet.

Dans la même chapelle, aux côtés, font deux tableaux, dont celui à droite, eft du *Murari* & l'autre à gauche, de *Brentana.* Celui qui repréfente Saint Bernard vifitant les malades, a des chofes d'un fort bon caractere de deffein, furtout le grouppe de figures tronquées à gauche ; la couleur en eft grife.

Dans la chapelle à droite du maître-autel, le tableau eft de *Simon Brentana* : les murs aux côtés font peints par *Nicolo Golfino* : ils font affez mauvais ; il y a cependant quelques têtes qui font bonnes.

On y voit auffi un tableau moderne de Sainte Hélene. Ce morceau eft médiocre, quoiqu'il y ait d'affez belles têtes : il paroît être de *Rotario.*

Dans la chapelle de *S. Francefca Romana*, on voit un tableau repréfentant l'Ange Gardien, du *Guercino* : il eft extrémement gâté, & d'ailleurs n'eft pas fort beau.

Ceux des côtés repréfentant des miracles de cette Sainte, font, l'un à droite, de *Locatelli* ; il eft affez mauvais : l'autre à gauche, eft d'un éleve du *Guercino*, imitateur correct de fon maître, mais froid : les têtes font affez belles.

Dans la premiere chapelle, au bas du petit eftalier , on voit Saint Michel & le Diable : ce morceau de *P. Farinato* , est assez mauvais.

Dans la chapelle suivante , un tableau représentant Saint Pierre , Saint Paul , Saint Benoît & Saint Zenon. Il est d'un éleve du *Tiziano :* il y a des choses fort belles & de bonne maniere ; telles sont les têtes des Saints : l'Enfant Jésus est assez bien dessiné , quoique laid de visage.

Dans la sacristie , on voit un tableau où il y a une gloire en haut , & en bas Saint Antoine & Saint François , *d'Alessandro Turchi detto l'Orbetto ,* vulgairement appellé en France *Alexandre Veronese.* Il est d'une couleur grise , mais peint d'un beau fini , & correct de dessein : la gloire d'Anges a des choses finement dessinées , & est d'une couleur fort bonne & douce.

On voit aussi un tableau moderne de la mort de Saint Joseph : il y a de l'esprit dans la touche , mais il est maniéré.

CARMELITANI CALCIATI IN S. TOMASO. Dans la sacristie , on voit la Vierge & l'Enfant Jésus jouant avec Saint Jean. Ce morceau du *Carotto ,* imite beaucoup les premieres manieres de *Raphael* ; il est très-proprement peint & fini , mais sec : la Vierge a de la finesse ; les enfans sont d'une maniere petite , & il n'y a pas une grande science du dessein.

Un tableau de la Vierge , Saint Jérôme & un Moine , de *P. Farinato*. Le Saint Jérôme est deffiné de fort grand caractere , la tête est belle & dans le goût de *P. Veronese* , mais la couleur est fort grife.

Un tableau de la Sainte Vierge , Saint Onuphre & Saint Antoine : il eſt d'un aſſez bon caractere de deſſein , mais il manque de couleur.

Un tableau moderne repréſentant une Annonciation : il y a beaucoup de grace dans le deſſein & d'agrément dans la couleur , les demi-teintes ont beaucoup de fraîcheur. Il faut voir auſſi l'égliſe des Bénédictins , où il y a quelques tableaux.

S. SEBASTIANO , EGLISE DES JESUITES. L'autel & la figure de marbre de Saint Sébaſtien ſont du *Marinali Vicentino* : la ſtatue eſt aſſez belle & d'aſſez grande maniere , mais elle eſt exceſſivement courte & lourde ; ce Sculpteur paroît être de l'école de *Michel-Angelo*.

Le tableau du ſecond autel à gauche , repréſente un Saint Jéſuite dans la gloire , qui bénit pluſieurs malades : le grouppe d'en bas eſt bien deſſiné , les têtes ſont fines & bien touchées , ſurtout celle de la femme qui préſente un enfant , dont le profil eſt très-fin ; du reſte , ce morceau n'a point d'effet ni de force de couleur , les ombres en sont trop foibles : il y a des graces dans les enfans.

S. NICOLO, EGLISE DES THEATINS. Dans la chapelle de Saint Gaetano, on voit un tableau représentant ce Saint, *S. Andrea d'Avelino*, & un chœur d'Anges, du *Cavaliere Preti* surnommé *il Calabrese*. Ce tableau est très-noirci dans les ombres, les têtes en sont fort belles, il est bien peint & très-fini, la couleur en est belle.

L'EGLISE DELLA MISERICORDIA. Au maître-autel, on voit une descente de Croix d'*Aleſſandro Turchi*, dit *Alexandre Veronese*. Ce tableau est excellent, bien peint & fini avec le plus grand soin ; le pinceau en est fort agréable & très-moëlleux ; la couleur est belle : il tient beaucoup de l'école des *Carraches*. La Vierge est belle, & exprime bien la douleur ; la figure de Nicodême est fort belle, bien peinte & d'une couleur qui a de la vérité ; les linges & les draperies sont deſſinés & formés un peu trop mollement ; le corps du Chriſt a trop de petits morceaux & trop comptés.

EGLISE DELLA VITTORIA. Dans la sacriſtie, il y a une descente de Croix, de *P. Veronese* : ce tableau est foible en général, & paroît des commencemens de ce maître ; il y a cependant de beaux endroits, comme la tête de la Magdeleine, qui eſt de très-belle couleur & fort bien peinte : les têtes du Chriſt, de celui qui le ſoutient, & du vieillard à barbe blanche, ſont auſſi fort bonnes.

EGLISE DES CARMELITANI SCALZI. Il y a au maître-autel une Annonciation d'*Antonio Baleſtra* : elle eſt aſſez médiocre.

SANTA EUFEMIA. On voit un tableau qui repréſente David avec ſa harpe, Moïſe avec les tables de la loi, & quelques autres figures, de *Felice Bruſaforzi* : la couleur eſt un peu foible, mais dans beaucoup de choſes fort gracieuſe, & il y a du mérite ; le pinceau eſt doux & flatteur.

Un tableau repréſentant Saint Paul guéri de ſon aveuglement, de *Baptiſta del Moro* : il eſt bien compoſé, & peint avec aſſez de force, la maniere de deſſiner & de draper eſt large, le ton de couleur bon, le pinceau large, & le deſſein de bon caractere, mais incorrect & tortillé.

On voit dans la même égliſe, à la ſeconde chapelle à droite, un tableau ancien, qui repréſente la Vierge & l'Enfant Jéſus en haut, Saint Sébaſtien, un Saint Pélerin malade d'un apoſtume à la cuiſſe, un Evéque, une Religieuſe. La Vierge & l'Enfant ſont bien ajuſtés & d'une maniere fort grande, les têtes ſont belles, rendues avec détail, & d'une couleur aſſez vraie ; il y un peu de ſichereſſe, & des choſes tranchées de noir ſur des fonds clairs.

Il y a un tableau de Saint Sébaſtien attaché à une colonne, un Saint Evêque & autres figures, qui eſt bien deſſiné : il y a quelques têtes fort belles ; mais il eſt gris de couleur.

On y voit encore un tableau repréſentant Saint Charles, la Vierge & Saint Antoine : il y a quelque fierté dans la maniere ; la tête de la Vierge eſt bonne & bien peinte.

Santa Anastasia. Au maître-autel eſt un tableau où l'on voit cette Sainte avec pluſieurs Anges, & en bas Saint Pierre martyr. Ce morceau eſt de *Torelli Veroneſe* : il y a quelque choſe de bon dans le caractere de deſſein, mais d'ailleurs il eſt ſec & de mauvaiſe couleur.

Aux côtés de la chapelle du Roſaire, ſont deux tableaux : l'un, qui repréſente Jéſus-Chriſt au Jardin des Olives, de *Franceſco Bernardi*, eſt tout-à-fait noir ; il y a quelque choſe de paſſable : l'autre, Jéſus-Chriſt flagellé, de *Claudio Ridolfi*, eſt broſſé avec beaucoup de goût, & d'un pinceau large ; mais il eſt peu correct, & fort noir.

Les enfans ſur la baluſtrade ſont de *Pietro il Tedeſco* ; les autres figures ſont de *Gabriel Brunelli*. Ces ſculptures ſont paſſables & aſſez bien travaillées , mais les têtes font mauvaiſes. A l'autel, il y a une gloire d'Anges gracieuſement deſſinée, d'une couleur foible.

En entrant dans l'égliſe , à droite, on voit l'autel aes Fr goſes qui eſt de marbre : l'architecture en eſt belle , ſage & de bon goût : la ſculpture eſt aſſez belle , mais d'une maniere ſeche & un peu petite.

Deuxieme autel à droite , on voit un tableau repréſentant Saint Vincent Ferrier reſſuſcitant un mort , du Comte *P. Rotario :* il y a quelques têtes de femmes aſſez gracieuſes , mais la maniere eſt mauvaiſe & la couleur rouge ; le pinceau en eſt peſant , froid & ſec.

Troiſieme autel à droite , Saint Martin donnant ſon manteau & un Saint Moine , en haut la Vierge. Ce tableau eſt de maniere ancienne & aſſez grande , les têtes en ſont aſſez belles.

Dans la ſacriſtie , un tableau qui repréſente Saint Vincent Ferrier , Saint Joſeph , Saint Grégoire Pape , Saint Jerôme & quelques autres Saints, de *Felice Bruſaſorzy :* il eſt d'une maniere aſſez grande , & a d'aſſez beaux caracteres de têtes , le pinceau en eſt doux & agréable , les demi-teintes ſont griſes : il eſt médiocrement ſçavant dans le deſſein. Il faut auſſi voir les tableaux du réfectoire.

La statue qui porte le bénitier, est du pere de *P. Veronese* : c'est une figure grotesque, vêtue en mode du temps, qui est travaillée avec assez de goût, & d'assez bonne forme.

Eglise de S. Zeno. On y voit un Baptistaire ancien, de marbre d'une seule piece : il est octogone en dehors, & en dedans il y a un second bassin de trois portions de cercle.

Dans cette église, il y a plusieurs tableaux, dont quelques-uns sont fort beaux, surtout un petit crucifiement qui fait un fort joli tableau de cabinet, & est d'un très-bon effet de lumiere.

A la premiere chapelle à droite, le tableau d'autel est une peinture fort ancienne.

Près de cette église, on voit un très-grand bassin de porphyre d'une seule piece, très-curieux.

Aux Capucins. Un Christ mort, *d'Alessandro Turchi, detto l'Orbetto*, en françois, *Alexandre Veronese* : ce morceau est fort beau.

CABINETS DE TABLEAUX.

CHEZ LE COMTE BEVILACQUA. Une Vénus qui se regarde dans un miroir que lui présente l'amour , de *P. Veronese.* Ce tableau est d'une belle mollesse de chair & de pinceau. La tête de la femme vue par le dos , semble un peu forcée , & trop tournée : l'enfant est mal dessiné , la couleur est fort belle , cependant elle a peu de fraîcheur : il y a de très-beaux tons de gris colorés , mais il semble qu'il y manque quelques tons vermeils.

Une femme avec un jeune enfant qui caresse un chien , aussi de *P. Veronese* : ce tableau est beau , la tête de femme est fine & d'un caractere gracieux ; elle paroît manquer un peu de rondeur. La tête de l'enfant est admirable , d'une couleur forte & belle ; le pinceau est facile & hardi , les couleurs font vives , mais étant accompagnées , elles font un ton harmonieux : il est un peu gâté.

Une Vénus avec un Amour pleurant , du même *P. Veronese.* C'est un très-beau tableau. La tête de femme n'est pas noble , mais l'enfant est admirable ; il y a de belles expressions , la couleur & le pinceau en font de bon goût.

Un tableau représentant le jugement dernier ,

qui eſt le petit du grand qu'on voit à Veniſe dans la ſalle du grand conſeil , du *Tintoretto*. Ce morceau eſt beaucoup plus beau que le grand , il a beaucoup d'effet & eſt touché avec tout l'eſprit poſſible.

Une Judith tenant la tête d'Holopherne , de *Baptiſta del Moro*. Ce tableau eſt très-beau & de grande maniere ; la tête de femme n'eſt pas belle ; les ombres ſont d'un ton de couleur gris de lin foncé ; le pinceau eſt large , très-fondu & très-agréable : la tête d'Holopherne eſt belle.

Un tableau de la Vierge , l'Enfant Jéſus , Saint Joſeph & une Sainte très-jeune, qui tient une colombe , de *Felice Bruſaforzi*. Ce morceau eſt très-beau & tout-à-fait dans le goût de *P. Veroneſe ;* cependant il eſt moins vermeil de couleur , & peint avec moins de feu , mais plus fini.

La femme adultere , accuſée , de l'*India*. Ce morceau eſt ſi mal deſſiné qu'il en eſt ridicule : la couleur a beaucoup de force & d'effet , & eſt piquante , mais outrée à l'excès.

Saint Sébaſtien & Saint Roch , de *P. Farinato :* ce tableau eſt de maniere aſſez grande.

Une tête de vieillard baiſſée : c'eſt un beau tableau.

Cabinet du Comte Rotario. On y voit pluſieurs tableaux de lui. C'eſt un Peintre aſſez cor-

rect de deffein , & qui ne manque pas de génie ,
mais de fort mauvaife couleur , rouge , fatiguée
& fans fraîcheur , fouvent froid & fec : cependant il y a quelquefois dans fes tableaux des têtes
fort belles.

On voit encore à Vérone des tableaux d'un autre Peintre moderne, nommé *Cignarelli* : il y a
du génie & de l'effet, mais une mauvaife couleur , fans vérité.

CABINET DU MARQUIS GHERARDINI. La plûpart des tableaux qu'on y voit , font d'*Alexandre
Veronefe.*

Quatre grands tableaux , dont le premier repréfente l'enlévement d'Helene. Il eft deffiné
lourd , les hommes font d'une couleur rouge ,
il y a dans les femmes des tons gris fort bons ,
les têtes d'hommes font mauvaifes.

Le fecond repréfente le jugement de Pâris : il
y a du mérite , mais la couleur en eft fort grife.

Le troifieme , l'enlévement de Proferpine : la
femme eft peinte d'un pinceau doux , d'ailleurs
affez mal deffinée.

Le quatrieme , le triomphe de Galatée. Ce
morceau eft incorrect de deffein , de couleur
grife & liffée : les têtes de femmes pour la plûpart font agréables & belles , mais il eft froid de
compofition ; les hommes font fans caractere, &

il n'y a point d'efprit dans la touche.

La Samaritaine auprès du puits, parlant à Jéfus-Chrift. C'eft un très-beau tableau ; la femme
eft belle, fine de deffein, d'une couleur très-
belle & qui a de la fraîcheur. Ce morceau eft d'un
pinceau très-beau & très-fini. La tête du Chrift
n'eft point belle, elle eft niaife : fa main eft mal
deffinée ; au refte, ce tableau eft d'une maniere
tout-à-fait femblable à la derniere maniere du
Guercino.

Une Magdeleine pleurant dans le défert : ce
tableau eft très-beau & d'une exécution précieu-
fe ; l'expreffion de la tête dans la douleur eft belle, la couleur en eft belle & d'une grande fraîcheur, elle eft parfaitement bien peinte ; il y a
quelques incorrections de deffein, comme le bras
de la Sainte, qui eft trop long, mais du refte le
deffein a de la fineffe : la grandeur des figures eft
de demi-nature.

Abigaïl apportant des préfens à David, tableau de grandeur naturelle. Il eft affez foible
dans toutes fes parties : il y a de mauvaifes mains,
mais les têtes font paffables.

Un Samfon dans les bras de Dalila, tableau de
grandeur naturelle : les ombres en font noires &
fales, les demi-teintes vertes noires : il eft d'un
deffein lourd, fans efprit & incorrect.

L'adoration des Rois. Ce tableau a beaucoup de mérite : toutes les têtes en font belles, bien deſſinées, bien peintes & très-exécutées ; on y trouve beaucoup de vérité, avec des caractères beaux & fort variés. Les mains font foibles de deſſein, les jambes & pieds font beaux & bien peints, furtout celle d'un homme à droite qui porte des préſens, eſt d'une exécution admirable, d'une couleur belle, vraie & fraiche, d'un aimable & beau pinceau. Ce tableau eſt en général peint d'un pinceau très-doux, très-fondu & fort agréable, mais fans légéreté ; il eſt deſſiné fans efprit, la couleur eſt belle mais fans fraicheur, fi l'on en excepte quelques parties dont les tons font beaux, comme l'Enfant Jéſus. Il eſt d'une mauvaiſe perſpective ; le point de vue eſt fort haut & mal compoſé pour faire de l'effet. Quoiqu'il y ait bien du mérite, ce n'eſt point un tableau du premier ordre. On dit a Vérone qu'un Roi de France l'a voulu couvrir d'or, ç'auroit été le payer bien cher.

Loth & fes filles, tableau excellent. Ce morceau eſt d'un fini admirable : il eſt deſſiné avec fineſſe & correct, de belle couleur, & peint avec beaucoup de douceur ; il y a des parties qui font admirablement bien deſſinées & bien peintes, telles que quelques pieds. Ce tableau tient beaucoup du *Guercino*, vers le temps de sa derniere maniere : c'est un morceau précieux.

Une Vierge de grandeur naturelle, de maniere ferme & même tranchée, mais peint lille comme de l'ivoire. Tous les tableaux ci-dessus sont d'*Alessandro Turchi*, dit l'*Orbetto*, connu en France sous le nom d'*Alexandre Veronese*.

Un tableau du *Guercino*. On croit à Vérone qu'il représente Abraham qui bénit Isaac ; mais il y a plus d'apparence que c'est Tobie qui guérit l'aveuglement de son pere : la tête du jeune homme au bord du tableau à gauche, est d'une grande beauté & d'une très-belle maniere : le reste du tableau est foible & même mauvais. Il ne paroît guere possible que ce soit un original, ce peut être une copie dont quelques parties ont été repeintes par ce maître.

Un tableau qui représente Suzanne & les deux Vieillards, qu'on dit être original du *Guide* ; mais outre qu'on voit le même dans d'autres cabinets d'Italie, celui-ci n'a que la femme de bon, qui est belle & peinte avec un moëlleux bien de chair ; mais la couleur est extrêmement verte : elle a une de ses mains très-mauvaise : les Vieillards sont fort mauvais, excepté une de leurs mains qui est très-bien ; ce peut être une copie retouchée.

Une Vierge avec l'Enfant Jéfus, mauvaife imitation de *Brufaforzy*, dont on voit auffi un mauvais petit tableau dans ce même lieu.

Un tableau que l'on dit de *P. Veronefe*. C'eft une portion d'un tableau qui a été plus grand, & paroît avoir été un *Ecce Homo*; ce refte eft beau fans être excellent.

Deux Vierges avec l'Enfant Jéfus, buftes qu'on dit de *P. Veronefe*: ils font mauvais.

Plufieurs autres tableaux, dont un de *Baleftra*, qui eft ftrapaffé, & un autre de *Ludovico Dorigny*, François, qui eft affez foible, quoiqu'il y ait quelque chofe de bon.

Un tableau repréfentant le fatyre Marfias écorché, de grandeur naturelle. Ce morceau, qu'on croit de *Carlo Loth*, eft deffiné de grand caractere & avec beaucoup de goût, mais d'une couleur fauffe & toute rouge.

Dans la maifon qu'occupoit LE MARQUIS SCIPIO MAFFEY. On voit un plafond de *Brufaforzy*: il eft compofé & deffiné dans la maniere de *P. Veronefe*, avec beaucoup de facilité, de goût & d'effet, mais d'une couleur plus grife.

Il faut demander à voir les cabinets des fieurs *il Conte Giufti*, *il Conte Ridolfi*, *il Conte Gazola*, *il Conte Pozzo*, *il Conte Turco*, *la Cafa Mufella*, *la cafa del Conte Ottolin Ottolini*, *la*

cafa

casa dei Signori Fattori, où il y a, dit-on, deux morceaux du *Correge*, *la casa del Capo Cuco*, *la casa del Marchese Canoffa*.

Nous n'avons pu voir tous ces cabinets de tableaux; les propriétaires étoient en campagne.

Le cabinet *Mofcardi* paffe pour un recueil de belles chofes : il faut demander à le voir.

Il faut auffi voir le palais du Confeil, où il y a plufieurs tableaux de bons maîtres.

MANTOUE.

LA CATHÉDRALE, nommée S. PIETRO. Dans une chapelle, à gauche, il y a une Vierge lisant; un petit enfant soutient le rideau. Ce tableau a du mérite.

Dans la sacristie d'en haut on voit une Tentation de Saint Antoine, de *P. Veronese*, composée de trois figures de grandeur naturelle, avec beaucoup de feu. Les figures sont grandes dans le tableau. Il y a une femme très-belle & de très-belle couleur; la tête est bien traitée de reflet. La tête de Saint Antoine n'est pas si belle; la jambe est mauvaise: au reste ce morceau est admirablement bien peint, & généralement assez bien dessiné. Le dos de l'homme diable est très-beau de pinceau, mais trop rempli de petits morceaux; le bras est trop court & incorrect de dessein; le bras de la femme ne tient pas à l'épaule, & la main est également mal emmanchée.

Dans la grande chapelle de la croisée de l'église, à gauche, est un tableau qui représente Jésus-Christ appellant Saint Pierre & Saint André à l'apostolat. Il est bien dessiné, de bonne maniere, d'un caractere grand ; la couleur eſt griſe. Ce morceau tient de l'Ecole Bolonoiſe.

Un tableau de la chûte de Saint Paul, d'une maniere large & de bon goût : mais la couleur eſt ſale, & d'ailleurs il eſt incorrect de deſſein.

Vis-à-vis on voit une Femme couronnée par un petit Ange, dans le goût de l'Ecole de *Raphael*. Ce tableau eſt deſſiné de très-grande maniere , & bien drapé ; la couleur eſt foible , mais aſſez vraie.

L'égliſe eſt de fort belle architecture ; elle a ſept nefs en colonnades.

Le Palais ſurnommé du T. L'architecture en eſt fort belle à la façade & dans la cour. Toutes les peintures ſont de *Julio Romano*. Dans une grande chambre on voit la Chûte des Géans : ces Géans ont plus de quinze pieds de proportion. En haut ſont tous les Dieux & le trône de Jupiter. La compoſition eſt de figures d'un beau choix, & les grouppes ſont aſſez bien liés ; le deſſein en eſt d'un caractere fort grand , quoique plein d'incorrections. Les têtes ſont pour la plûpart d'une grande beauté de caractere & de belles formes : cependant il y a peu de fineſſe dans le deſſein , & beaucoup de maniere dans ces formes ; elles ſont outrées : les expreſſions en ſont fortes. Il n'y a point d'effet

de lumiere, ou très-peu, & la couleur eſt rouge
dans les figures d'hommes.

Dans l'autre aîle du bâtiment on voit une chambre toute peinte de grands morceaux, mêlés de
plus petits en plafonds & raccourcis. On y admire
un bon caractere de deſſein, & rien plus : il s'y
trouve quantité de choſes mal deſſinées. Les plafonds ſont d'un raccourci fort hardi, mais point
gracieux, & d'ailleurs de fort vilaine couleur : ce
ſont des ſujets allégoriques de l'Amour, de Bacchus,
& autres.

Dans une petite ſalle, au fond de la ſeconde
cour, il y a de petits morceaux du même, qui ne
ſont pas fort beaux, quoiqu'il y ait des choſes de
bon goût, & qui tiennent beaucoup de l'antique.
Les ſujets paroiſſent être les différentes ſituations
de la vie de l'homme ; on y voit des choſes touchées avec quelque eſprit, mais en général cela
n'eſt pas merveilleux.

Un petit cabinet à coupole, dont les ornemens
ſont fort jolis & de bon goût, dans le genre de
ceux du Vatican. L'architecture eſt de *Julio Romano*, & eſt belle.

Sant' Andrea. Egliſe fort belle, quoique dans
un goût ancien, mais qui eſt ſimple & bon. Les
chapelles ſont grandes & d'une belle élévation.

Dans une chapelle, à droite, on voit deux grands sujets à fresque : l'un représente le Crucifiement ; l'autre, un Evêque priant, entouré de beaucoup de peuple. Ces morceaux ont du beau & des choses de grande maniere & d'un beau dessein, dans le goût de *Julio Romano*. Dans la croisée, à droite, est une grande chapelle, où sont deux grands morceaux de détrempe : l'un représente Saint Etienne lapidé, & l'autre, le même Saint distribuant des aumônes. Ces tableaux sont assez bien composés, bien dessinés, avec finesse & esprit, d'un pinceau agréable & facile. Il y a de fort belles têtes. Le Christ de la gloire de Saint Etienne lapidé, est une figure très-élégante. La tête du *Saint Etienne* est mauvaise : la maniere est en général un peu petite. Ces deux morceaux sont fort gâtés.

Au Palais Ducal. Il y a une Galerie, dont les plafonds sont dits être de *Julio Romano* : cependant il ne semble pas qu'ils soient tous de la même main ; il y en a même quelques-uns de figures couchées dans les éventails, qui paroissent d'une maniere plus petite & plus moderne. Les plus beaux & les plus dignes de ce maître, sont : celui du milieu, l'Assemblée des Dieux, celui d'Apollon conduisant son char, celui de l'Aurore, & ensuite une figure d'homme couronné de lauriers,

& tenant une palme. Les éventails des bouts de la galerie ont aussi des beautés, de même qu'une figure debout, près du plafond de l'Aurore. On voit dans ces morceaux une grande maniere de dessiner & de draper ; ils sont peints avec hardiesse & fermeté ; les têtes sont de grand caractere & de belles formes, les figures d'un beau choix en particulier, mais peu grouppées. Le plafond de l'Aurore fait beaucoup d'effet ; les quatre chevaux vus en dessous, sont pleins d'action & de feu ; la figure du Soleil est bien dessinée : il y a néanmoins beaucoup de ces figures mal dessinées & très-incorrectes. Si l'on y voit plusieurs belles têtes, il y en a aussi beaucoup qui ne sont pas ensemble. En général, ce qu'il y a de beau ne consiste que dans la grandeur de la maniere, & dans la belle forme ; mais à la vérité c'est une des plus rares parties de l'art que cette grandeur de caractere : du reste la couleur est mauvaise, & il y a peu d'effet.

Dans ce même palais on voit une autre salle, où il y a plusieurs grands tableaux de l'histoire de Phaëton, qui ne sont pas sans mérite, soit du côté du dessein, soit du côté de la composition ; entr'autres un de la Chûte des Géans, qui est bien ingénieusement composé & dessiné de fort grand caractere : il semble tenir de l'Ecole Vénitienne.

A l'Eglise des Théatins. Il y a à droite une Annonciation, dite d'*Annibale Carracci.* L'Ange n'eſt pas fort beau; le haut du corps eſt dans une attitude qui paroît un peu niaiſe, & le bras, qui eſt nu, eſt d'un deſſein aſſez froid: mais la tête de Vierge eſt d'une grande beauté, d'un beau choix de caractere, noble & bien deſſi- née: d'ailleurs ce morceau eſt bien peint, mais il eſt fort noirci.

A la chapelle qui ſuit, eſt le Martyre d'une Sainte à qui un bourreau va trancher la tête ſur un échafaut: on le dit de *Ludovico Carracci,* & en effet il eſt très-beau, très-bien compoſé, bien deſſiné, d'un beau choix de figures, & qui ſont d'une belle grandeur dans le tableau. Les contours ſont grands, ſans cependant être char- gés au-delà de la nature. La tête de la Sainte eſt très-belle, & d'une belle expreſſion; la main n'eſt pas ſi belle: quoiqu'elle ſoit d'une belle forme, il ſemble qu'elle n'eſt pas deſſinée avec aſſez de ſûreté. Ce tableau eſt bien drapé & bien peint; la couleur eſt plus brillante, & n'eſt pas d'un ton ſi triſte que l'eſt ordinairement ce maî- tre.

Dans les chapelles, vis-à-vis, de l'autre côté de l'égliſe, il y a encore des tableaux de fort

bonne maniere, & où il y a beaucoup de mérite.
Ils font affez noircis pour qu'on ne puiffe en juger
qu'au grand jour.

C R E M O N E.

LE BAPTISTERE, édifice terminé par une grande voûte. La tour est aussi assez bien terminée, & d'un goût gothique riche.

LA CATHÉDRALE. Elle est fort grande & assez belle ; la nef est toute peinte ; le dessus de la porte & partie du côté droit, paroissent du même peintre. Il y a du génie dans ces tableaux, & une maniere assez grande : ils sont fort mauvais d'ailleurs. Le reste & le côté gauche sont d'un peintre plus ancien & assez bon ; les compositions sont bonnes, & le dessein assez juste : mais la maniere est séche, & il n'y a point d'effet. Dans le cœur le tableau d'autel a quelque chose de bon pour le caractere du dessein. On voit quatre statues d'Evangélistes, assez bien drapées, les plis proprement formés, & d'ailleurs assez bien travaillées : elles paroissent de l'Ecole Florentine. Quelques-uns des tableaux des chapelles semblent aussi de cette Ecole. Il y a du mérite dans le dessein & dans la maniere, mais point de couleur. Le tombeau du Cardinal Sfondrate est un morceau assez bien pensé.

S. PIETRO, belle église, peinte nouvellement

d'ornemens modernes de mauvais goût. On y voit quelques tableaux aſſez bons, & où il y a du mérite, entr'autres un fort bon, du *Palma*: c'eſt un ſujet de pluſieurs Saints qu'on martyriſe. Une Circonciſion en éventail, fort bonne & de grande maniere. Le tableau d'autel a auſſi de bonnes choſes, & quelques têtes très-belles.

Les Jésuites. Egliſe aſſez belle. Il y a quelques tableaux aſſez bons.

Les Dominicains. Il y a beaucoup de tableaux aſſez bons, ſoit dans la maniere du *Parmeſan*, ſoit dans celle de l'Ecole Florentine. Il y a dans une chapelle, à droite, une Circonciſion, d'un peintre qu'ils appellent le *Genois*, qui eſt fort ingénieuſement compoſée, bien deſſinée & bien drapée, mais un peu ſéche.

Dans la croiſée, à droite de l'égliſe, on voit un Chriſt mort, & la Vierge pleurante, du *Parmegianino*. Ce tableau eſt beau ; le Chriſt eſt deſſiné de bon caractere, & peint de bon goût ; le caractere de tête de la Vierge eſt beau, & a de l'expreſſion.

S. Barthélemi, égliſe fort jolie, où il y a quelques tableaux aſſez bons.

On peut voir encore l'égliſe de Saint Sigiſmond, les Carmes, les Auguſtiniens & les Olivetans.

B R E S C I A.

LA CATHÉDRALE. Eglife nouvellement bâtie fur d'anciens deffeins. Elle eft coloffale & de grande maniere ; les ornemens font de bon goût au dedans de l'églife , mais les portes & les croifées du dehors font mauvaifes.

SANTA AFFRA. Au fecond autel eft un fujet où il y a un Baptême & une Communion, de *L. Baffano.* Il eft bon en général : cependant toutes les ombres font d'un ton olivâtre & violâtre, les lumieres font difperfées & par taches. Il y a de fort belles têtes & d'affez belles couleurs dans les lumieres, mais fans beaucoup de fraîcheur.

Au troifieme autel , une Affomption d'une maniere affez grande , propre, mais ronde ; la couleur eft foible , & le ton général , tirant fur le gris de lin.

Au deffus de la petite porte de l'églife on voit un tableau de plufieurs Martyrs, qui eft fort beau, très-bien peint, & d'un goût moëlleux : il tient de la maniere du *Tiziano.*

A l'autel , à droite du fanctuaire , un tableau de la Vierge & de plufieurs Saints Evéques & autres figures, du *Procaccino*. Il eſt très-bien grouppé & traité d'une maniere fort grande. Les têtes ſont belles & gracieuſes, particuliérement quelques-unes d'Anges ont beaucoup de graces : il s'y trouve des incorrections de deſſein, comme les parties du viſage trop groſſes dans quelques têtes. La couleur eſt très-belle, quoiqu'elle ne ſoit pas exactement vraie ; le *faire* eſt facile, large & grand : il tient beaucoup de la maniere de *Rubens*.

Au maître-autel, un tableau repréſentant la Transfiguration, dit du *Tintoretto*. Il eſt conſervé comme s'il venoit d'être fait : mais il n'eſt point beau. L'effet eſt très-dur, point de facilité dans le pinceau, & mauvaiſe couleur. Il ſemble n'être qu'une copie bien faite & moderne.

Dans le ſanctuaire, à gauche, on voit un tableau qui, quoiqu'aſſez foible en tout, eſt cependant compoſé d'une maniere ingénieuſe, & qui tient du goût du *Barocci* : c'eſt un Chriſt mort, environné de beaucoup de figures.

Au deſſus de la porte, à gauche de l'égliſe, la Femme adultere, demi-figure de grandeur natu-relle : ce tableau paroît du *Tiziano*. Il eſt très-beau & bien conſervé ; les têtes en ſont d'un grand caractere, & d'une admirable couleur, ſurtout la tête de femme & celle d'un vieillard; les mains ne

font pas fi bien deſſinées ; les bras de la femme
font gros. Ce tableau eſt excellemment peint ;
le pinceau en eſt gras & facile : c'eſt une très-belle
choſe.

Le Martyre de Sainte Affre, de *P. Veroneſe.*
Ce tableau eſt un des plus beaux de ce grand mai-
tre ; la couleur en eſt un peu éteinte & foible,
mais il eſt admirablement bien compoſé ; les
grouppes bien enchaînés & bien grouppés : il eſt
très-bien deſſiné. Les têtes font de la plus grande
beauté, remplies d'expreſſion, peintes facilement,
avec une négligence apparente & pleine d'art, qui
n'empêche pas que tous les détails n'en ſoient très-
bien rendus ; les caracteres en ſont variés ; elles
font bien deſſinées & parfaitement peintes. Les
figures font bien drapées, d'étoffes riches ; les plis
en font bien formés & peints avec facilité. Les
maſſes de lumieres font grandes & belles ; le fond
d'architecture eſt ſuperbe & plus vigoureux qu'il
n'eſt ordinaire à ce maître, par conſéquent plus
vrai & plus d'accord avec le reſte du tableau. Les
maſſes d'ombres cependant paroiſſent un peu petites & trop tranſparentes ; les derrieres tiennent un
peu avec les devants par l'effet du temps. *P. Vero-*
neſe a hazardé dans ce tableau des mains dont on
ne voit point la tête, & des pieds dont on ne voit
point le corps. Il y a en bas des figures dont les

têtes font coupées , qui font effrayantes par leur vérité.

On voit dans la premiere chapelle , à gauche, plufieurs Martyrs, du *Palma*. La compofition a beaucoup de feu : cependant elle n'eft pas propre à faire beaucoup d'effet. Les lumieres font trop difperfées ; la maniere en eft à l'ordinaire bien peinte , moëlleufe & fondue , mais un peu pe-fante.

S. NAZARO. Au maître-autel on voit une Ré-furrection, grand tableau ; & à gauche, un tableau plus petit, qui repréfente *Saint Sébaftien*; à droite, un *Saint cuiraffé* , & le portrait d'un *Sénateur* à genoux. Au deffus on voit l'Annonciation en deux tableaux , buftes : le tout du *Tiziano* , & bien con-fervé , particuliérement la partie d'en haut de la Réfurrection , où eft le Chrift , & le Saint Sébaf-tien. La figure du Chrift eft très-belle , excellem-ment deffinée , avec des détails de vérités admira-bles , & traités d'une maniere fort large. La cou-leur en eft de la plus grande beauté , & a de belles fraîcheurs de demi-teintes ; un beau pinceau, doux & cependant gras & large. Les draperies font bien peintes , & de linge bien blanc : il femble qu'il y ait un tour un peu maniéré dans les jambes de cette figure. La tête eft très-bonne. Le Saint Sé-baftien eft également admirable de deffein & de pinceau; la tête eft de la plus grande beauté; la couleur en eft d'un ton un peu plus jaune, foit par l'effet du temps, ou bien qu'il ait voulu le faire d'une nature moins belle.

Au côté droit de l'églife, une Vierge couronnée par le Pere eternel, & en bas plufieurs Saints. Ce tableau fort ancien eft beau, & très-bien peint; les têtes du grouppe d'en haut font très-belles; quelques-unes de celles d'en bas font moindres: il y a cependant un très-bel Ange.

Un autre tableau, auffi fort ancien, où l'on voit un Chrift dans la Gloire, qui verfe du fang de fon côté, & plufieurs Saints: il eft fort bon, quoique d'une maniere un peu féche.

Le Martyre de S. Barthélemi, tableau bien compofé & de maniere grande, bien largemeut peint. La couleur eft très-vigoureufe, mais maniérée & rouffe, cependant d'un grand effet: il peut être de *Carlo Loth.*

Un tableau de *Piazzetta:* il eft affez mauvais.

La Madona de' Miracoli. Il y a à la premiere chapelle, à droite, une Vierge & l'Enfant Jéfus: un Evêque lui préfente des enfans. Ce tableau, quoique dans une maniere ancienne, n'en eft pas moins admirable; il eft d'une couleur très-vigoureufe & fort belle, d'un pinceau large & moëlleux;

les têtes font belles & vraies : il pourroit être de
Rumani.

Dans le fanctuaire, le fecond tableau, au côté
droit, repréfente (s'il n'y a erreur de mémoire) la
Préfentation au temple. Ce tableau eft d'une bonne
couleur, qui tient de l'imitation du *Tiziano*, & il y
a de fort belles têtes : il eft de *Gratiano Coffalis.*

Aux Jacobins. Un bon tableau dans la premiere chapelle, à droite de l'églife.

San Faustino, Bénédictins. A la feconde
chapelle, à droite, on voit la Nativité de Jéfus.
Ce morceau eft beau ; les têtes font belles & bien
finies : il eft proprement peint.

A la feconde chapelle, à gauche. Un Chrift,
tableau fort bon ; les têtes font belles & de beau
caractere, la maniere bonne ; la couleur en eft
foible, mais cependant bonne.

Au deffus de la porte eft un grand morceau fort
gâté, de *Giacomo Barbel.* Il y a de fort belles
chofes, & la maniere eft grande.

Aux Carmes. Le tableau du maître-autel, repréfentant une Annonciation, eft finement deffiné. Il y a de belles têtes & beaucoup de graces ;
la maniere eft nette ; les draperies font trop féche-
ment brifées.

Un tableau du *Guercino*, repréfentant la Vierge,
l'Enfant Jéfus, Saint Mathias & un Saint Moine

vêtu

vêtu de blanc à genoux. Ce tableau n'est pas du plus beau de ce maître ; la Vierge & l'Enfant Jésus sont beaux & de bon caractere. Le Saint Mathias est d'un beau caractere de dessein, & bien peint ; les demi-teintes n'en sont point variées de ton ; elles sont d'un rougeâtre très-tendre & assez bon, mais il n'y a ni grisâtres, ni bleuâtres. La tête du Moine est fort mauvaise, sans caractere & mesquine ; les draperies sont peintes grassement, mais plates. Il est dans sa maniere rougeâtre, avec les ombres très-fortes, & de plus noirci.

Dans plusieurs églises de cette ville, comme les Recollets & autres, il y a des tableaux qui, sans être excellens, ont du mérite.

Le Palais de la Justice. L'architecture en est assez belle, quoique mêlée de vieux goût & de goût grec. On y voit, dans la salle du Tribunal, beaucoup de tableaux, dont plusieurs paroissent bons : nous ne les avons vu qu'au déclin du jour. Il y a dans cette même salle, une Vierge & l'Enfant Jésus dormant, la même qu'on voit du *Guide,* au palais Pamphile à Rome. Ce tableau a, dit-on, été donné par un Pape, & est d'une grande beauté cependant on peut douter qu'il soit original. La couleur, quoiqu'extrêmement belle, ne paroît pas celle du *Guide ;* elle est plus vermeille : il est cependant également bien dessiné & très-fin. Ainsi

fi c'eft une copie, elle eft de quelque grand peintre.

Dans la falle du college on voit plufieurs tableaux, fujets de l'Hiftoire Romaine, & autres
qui repréfentent diverfes punitions de défobéiffan-
ce: ils font d'affez bonne maniere, mais foibles
d'ailleurs.

CASA AVOGADRI. On y voit le portrait d'un
vieillard, par le *Tiziano*. Il eft d'un pinceau fondu,
large & d'une couleur extrêmement vraie. Ce
morceau eft admirable : c'eft la nature même.

Trois autres portraits, dont deux en pied, du
même, mais dans fa premiere maniere, plus féche
& beaucoup moindre.

On voit encore un autre portrait qui paroît de
Diego Velafquez, & qui repréfente un homme
avec un collet. Il eft fort beau ; la maniere en eft
ferme, mais les ombres font trop noires.

Un autre portrait fort beau : c'eft un bufte dont
la tête eft penchée, avec un collet. Il eft très-vrai,
& d'un très-beau *faire.*

Deux efquiffes finies, de *Pittoni,* compofées
avec génie, touchées fpirituellement, & bien
deffinées, mais d'un goût petit, & maniérées de
couleur.

Plufieurs efquiffes finies, de *Solimeni,* d'une maniere ferme & fpirituelle ; les ombres font grifes-
noires.

Un tableau repréſentant une Vierge , du même peintre, demi-figure de grandeur natureîle, même maniere. Il y a des graces : mais la téte de Vierge eſt commune.

Quelques bonnes études de têtes , de *Piaẓẓetta.*

Une demi-figure de femme , de grandeur naturelle , dite du *Tiẓiano ,* enveloppée d'une draperie blanche. La tête eſt un peu effacée ; la draperie eſt très-bien peinte , & d'un pinceau facile.

Une Adoration des Rois, figures demi-naturelles, de *P. Veroneſe.* Ce tableau eſt d'une grande beauté, & bien conſervé. La compoſition en eſt belle , ſans cependant être grouppée avec autant de génie qu'il eſt ordinaire à ce maître. Les têtes en ſont admirablement bien peintes , bien deſſinées & de beau caractere ; les draperies ſont belles. C'eſt un beau morceau.

Un Homme qui combat un lion , après avoir tué un tigre : ce peut être Samſon ou Milon , de *Rubens.* On y voit un génie plein d'enthouſiaſme; il eſt deſſiné avec un goût admirable , quoique chargé & incorrect ; la touche en eſt un peu ſéche & maigre. La figure eſt de mauvaiſe couleur , d'un jaunâtre tout - à - fait faux & de couleur d'orpin.

Une tête de Magdeleine, de *Guido Reni*, admirable de couleur, d'un beau deſſein, & d'une grande fineſſe. C'eſt une belle femme, deſſinée admirablement & dans les formes du plus beau choix, peinte d'une très-belle couleur, & avec une hardieſſe plus facile encore que d'ordinaire. Le ton général eſt entre ſes ombres vertes & ſes ombres brunes rougeâtres.

Un Satyre qui chaſſe le payſan de ſa maiſon, demi-figure : il eſt du *Preti Genoveſe*, & eſt fort beau.

Un petit *Guercino*, demi-figure quart de nature. Il eſt très-beau, quoiqu'un peu noirci.

Une Femme qui ajuſte ſes cheveux, demi-figure de grandeur naturelle, tableau d'une couleur de maître, & d'une maniere grande, large & belle.

Une Naiſſance de Jéſus, du *Palma*, fort beau tableau.

Deux petits tableaux qui repréſentent, l'un, Saint Jérôme, & l'autre, Sainte Marie Egyptienne. Ils ſont faits avec beaucoup d'eſprit, & colorés. La couleur eſt bleuâtre en général, avec quelques vermeils très-vifs aux parties ſanguines des têtes. Ces petits morceaux ſont fort beaux, malgré cette couleur maniérée.

Une petite Marine fort belle, de ce ton gri-fâtre coloré, du *Salvator Rofa.*

Un tableau de figures demi-naturelles, repré-fentant un jeune Homme & une Nymphe. Le jeune homme écrit fur le rocher ; plus loin, entre deux rochers, on voit un fleuve. Ce tableau eft excellent, précieufement peint, bien deffiné, & avec beaucoup de fineffe. La couleur eft fort belle : il tient du *Guide,* & on croit qu'il en eft. Il y a quelques petites incorrections, quelques Amours enfans, dont les têtes ne femblent pas affez fines pour être de ce maître : mais d'ailleurs les graces de fon deffein, la beauté de fon pinceau, & fes belles ombres grifes & tendres s'y trouvent.

Dans une autre falle on voit des tableaux pref-que tous modernes, dont la plûpart font foibles. Il y a un Enlévement des Sabines, qui marque-roit beaucoup de génie, s'il n'étoit pas tout pillé de *Pietro da Cortona :* d'ailleurs il eft peint avec facilité, mais foible de couleur.

Un Chrift mort, du *Palma* (il paroît du vieux), figure prefque de grandeur naturelle. Il eft très-beau & très-bien peint.

Une fort belle copie de la Suzane, du *Guide.* Ce tableau paroît copié, premiérement, parce qu'on le voit ailleurs ; fecondement, parce que la femme est peinte d'une maniere plate , & que les têtes de vieillards ne sont pas touchées avec franchise.

Autre chambre , où se trouve un grand paysage , d'une très-belle couleur & de grand effet , orné de beaucoup de figures bien touchées. Le tout est peu fini.

Un petit tableau fort beau , représentant des soldats , la mer & quelques rochers : il paroit de *Salvator Rosa.*

Deux petites Marines fort belles , de bon effet & bien touchées.

Plusieurs tableaux de paysages , de *H. de Jode* , assez spirituels de touche , & qui ont de l'effet , mais d'une couleur tout-à-fait fausse & noire comme de l'encre.

Un Bacchus prêt à boire , demi-figure de grandeur naturelle. Il est très-bien peint , & d'une maniere fort large , de bon caractere , & vigoureux de couleur.

Il y a en divers endroits de ce palais quelques tableaux modernes de gueux & figures de modes , de grandeur naturelle, qui sont bien touchés , avec goût, de maniere assez grande , mais pas assez peints , plats & d'une couleur fort grise & foible.

Il y a quelques tableaux de figures feules, qu'on dit être de *P. Veronefe*, mais qui paroiffent bien inférieurs à ce maître, & dans une maniere fort différente.

Il y a peu d'architecture dans cette ville ; on y trouve quelques maifons peintes à l'extérieur, de maniere affez grande. Ces peintures ne font pas excellentes d'ailleurs.

BERGAMO.

SANTA MARIA MAGGIORE. On voit derriere le maitre-autel de cette église un tableau de figures plus grandes que nature, repréfentant Jéfus-Chrift & les Apôtres : on le dit de *Julio Romano*. Ce morceau eft de grande maniere ; les draperies en font peintes très-proprement, & les plis formés nettement ; les parties font belles, bien deffinées & de grand caractere : les têtes cependant n'en font pas extrêmement belles.

Les plafonds de ce fanctuaire, qui font formés de quatre tableaux ovales, font la plûpart d'un des *Baffano*, & paroiffent d'une grande beauté : ils font fort loin de la vue, & l'on en juge difficilement.

A droite il y a un tableau de Judith, qui paroît beau. Il eft fort noir, & on le voit mal parce qu'il eft éloigné.

Dans la croifée, à droite, il y a un grand tableau, que l'on dit de *Julio Romano*, mais qui cependant femble plus dans le goût des *Carraches*: quoi qu'il en foit, c'eft un très-beau tableau. Il repréfente le Déluge, & eft d'une belle compofi-

tion. On y voit une multitude de figures bien diftribuées & de grand goût ; fur le devant , elles
font d'un caractere de deſſein admirable , & peintes d'une maniere large & grande. La couleur
générale eſt bonne, quoiqu'un peu rouſſe.

Le Frappement du rocher, grand tableau, du
Cavaliere Liberi. Il eſt beau ; ſa couleur eſt meilleure que de coutume ; elle n'eſt point auſſi rouge
qu'on la voit communément dans ſes tableaux
d'égliſe , & ſurtout dans les figures d'hommes
(car il y a des tableaux de chevalet de lui, particuliérement ceux où il entre des femmes , qui font
d'un tout autre ton, & plutôt gris, mais d'une couleur qui eſt fort agréable , & qui a de la vérité);
Celui-ci eſt vigoureux de couleur & de bon ton ,
incorrect cependant quant au deſſein.

Dans la nef, vis-à-vis du ſanctuaire, il y a un
grand tableau de *Luca Giordano*, qui repréſente
Pharaon ſubmergé. Il eſt d'une grande beauté,
d'une belle harmonie d'effet , peint d'une grande
facilité & de bonne couleur. Il y a un bel enchaînement de compoſition , & de grandes maſſes
d'ombres : il ſemble cependant qu'il y ait quelques figures dont les lumieres ne font pas aſſez
grouppées.

Les plafonds de cette partie de la nef font de
Malinconico, & tout-à-fait dans la maniere de

Luca Giordano. Ils font beaux : cependant ils ne font pas fi bien deffinés, ni d'une fi belle couleur que *Giordano*; les demi-teintes font plus grifes.

Cette églife eft en général belle. On y fait voir au lambris d'appui de la grille du fanctuaire, des clairs obfcurs, ou tableaux exécutés en bois de diverfes couleurs, de pieces de rapport : quoiqu'ils ne foient pas bien deffinés, ce font des meilleurs qu'on voie, en Italie, de ce genre, dont le plus grand fuccès ne peut être que très-défectueux.

La coupole d'une chapelle fermée, qui tient à cette églife, eft décorée de peintures de *Tiepoletto.* On y voit trois éventails. Dans le premier, Saint Jean-Baptifte prêche; dans le fecond, il baptife Jéfus-Chrift, & dans le troifieme, on voit la Décollation du même Saint. Dans les pannaches du dôme il y a quatre figures de Vertus. Ces tableaux font pleins d'efprit & de goût; la compofition en eft ingénieufe & enrichie d'étoffes diverfes & de différens habits orientaux. Ils font peints avec une belle facilité, & d'une couleur extrêmement agréable, qu'on pourroit appeller trop belle & maniérée. Les ombres font trop tranfparentes & trop claires : cela fait paroître les touches dures, & donne de la fécherefle au tableau.

S. Alessandro. Cette églife eft très-belle. Au troifieme autel, à droite, il y a deux tableaux de

Leandro Baffano : ils font fort beaux. L'un eft la Nativité de Jéfus, & l'autre, la Cene.

A la chapelle fuivante, on voit un Saint François debout fur un fonds de payfage fort obfcur : il eft fort beau & de bonne maniere.

Au dôme, plufieurs tableaux modernes de peintres Vénitiens, dont quelques-uns font fort bons.

Un de *Maroni*, où eft Saint Jérôme; un petit Ange coëffe le lion de fon chapeau.

Un Evêque martyrifé, de *Tiepoletto*.

Un Evêque facré, du même. Ils font fort beaux & compofés avec beaucoup de génie.

Il y en a du comte *Rotario*. Ils font bons, mais fecs, d'une couleur rouge, mauvaife & fans fraîcheur.

On en voit de *Cignaroli*. Ils font affez bien deffinés & bien compofés, mais peints d'une maniere fatiguée, & de mauvaife couleur.

La Mort de Saint Jofeph, tableau moderne, fort bon.

Un Evêque lifant, deux Saints Guerriers & un Enfant, tableau moderne, fort bon.

Un tableau moderne, foible, mais ingénieufement compofé, & fort dans le goût de *Pietro de Cortona*.

S. Alessandro in Croce. Dans un chapelle,

à gauche, il y a un très-beau tableau de *Sebastiano Ricci* : il repréfente Saint Grégoire priant la Vierge pour la délivrance des ames du purgatoire. Ce tableau eft d'une compofition un peu difperféc, mais d'une couleur & d'un *faire* extrêmement agréable & très-beau.

Une Vierge affife fur un trône , & quelques Saints, tableau moderne , fort bon : il peut être de *Pittoni*. La maniere en eft petite , mais fpiri-tuelle.

Un tableau moderne d'un Chrift mort, la Vierge pleurant, & quelques autres figures. Il eft bon : cependant les ombres font trop dures , & le pinceau a peu de légéreté.

L'Hospedale, églife peinte nouvellement d'or-nemens à l'Italienne , dans le goût moderne , lourds & de très-mauvais goût. Il y a plufieurs fujets de figures , peints par *Carlone*. Ils font def-finés avec efprit, mais point finis , & d'une couleur fauffe.

Les Dominicains , églife nouvellement déco-rée de peintures d'ornemens de mauvais goût, & qui la font reffembler à un cabinet de toilette. Les plafonds de la nef de *Deciano* , font mauvais ; les plafonds du chœur de *Bottolini* , font meilleurs.

Cabinet de tableaux de la Maison Terzi. Dans la premiere falle on voit quatre tableaux, dont trois en hauteur, sujets d'histoire, tels que David chanté par les Filles de Jérusalem, & autres qui sont fort bien. La maniere de ces tableaux est fort imitée de *Rubens*; la couleur en est en beaucoup d'endroits belle & fraîche. Il y a de belles têtes de femmes. Le ton général est un peu bleuâtre.

Une Vierge, tableau ancien. Il y a de fort belles têtes.

Un autre tableau ancien, d'*Andrea Provitalus*, peint en 1522 : il est très-foible.

Lucrece morte, demi-figure de grandeur naturelle. Ce tableau est fort beau, d'une maniere ferme & bien peint.

Une bonne copie de la Suzanne, du *Guide*, inférieure cependant en plusieurs choses à celles que nous avons déja vues du même sujet, & qui sont, de même que celle-ci, données pour des originaux.

Les lambris d'appui sont des tableaux de paysages, touchés de bon goût, aussi bien que les figures. Le ton de couleur est partout verdâtre.

La plûpart des plafonds de ces appartemens sont décorés de peintures modernes à détrempe, de *Tincana*. Ils sont peints avec beaucoup de goût, d'une touche & d'un pinceau hardiment manié; les têtes sont belles & dessinées avec goût: en général le deſſein eſt incorrect. La couleur eſt bonne, mais un peu rouſſe & trop claire. Ils tiennent beaucoup de l'imitation de *Rubens.*

Le cabinet de cet appartement eſt fort riche & de bon goût.

Bergame eſt ſituée ſur une montagne, d'où elle découvre une plaine à perte de vue, toute remplie d'arbres : derriere elle ſont les Alpes. Son aſpect, en arrivant, eſt très-beau : on voit le premier fauxbourg, & au deſſus, la ville. Dans l'éloignement, la montagne eſt couronnée d'un château. En allant de Bergame à Milan, on rencontre une grande riviere au pied d'un côteau élevé ; ſur ce côteau coule, en ſens contraire, une ſeconde riviere plus élevée de plus de cinquante pieds ; les terraſſes, jardins & bâtimens joints à ces deux rivieres, forment les vues les plus pittoreſques.

Plus près de Milan on côtoie une riviere qui paroît un canal orné d'arbres, comme dans un jardin. Les chemins ſont ſemblables aux plus belles promenades, & ſuperbement décorés de grands arbres.

LA CHARTREUSE DE PAVIE.

LE portail de l'églife eft de marbre, & d'un gothique affez bon de proportion & de forme; il eft fort enrichi de fculpture qui n'eft point mauvaife. Le dôme eft décoré de galeries à petites colonnades; ce qui le rend fort agréable.

Dans la quatrieme chapelle, à droite, il y a une Vierge, Saint Pierre & Saint Paul, du *Guercino*. C'eft un fort beau tableau, quoique noirci; il eft dans fa maniere brune & rougeâtre, mais ferme.

Dans la deuxieme ou troifieme chapelle, à droite, on voit un Chrift en croix, la Vierge, la Magdeleine, Saint Jean, &c. C'eft un tableau ancien, dont les têtes font fort belles, & les expreffions de douleur bien rendues. Le devant d'autel eft un bas-relief de marbre, qui repréfente un Chrift enfeveli. Il eft affez beau, bien compofé, bien drapé, & avec goût. Les têtes font bonnes, fans avoir rien d'excellent.

Il y a dans les chapelles de ce même côté, plufieurs tableaux de *Camillo Procaccino*, qui ont du mérite. La propreté du pinceau, & la netteté de l'exécution , eſt trop féche ; ils ſont aſſez corrects de deſſein , mais froids. Ces chapelles ſont auſſi décorées de peintures en détrempe , fort bonnes , & d'une maniere aſſez large pour la plûpart. Il y a de bons caracteres de têtes ; le ton de la couleur eſt bon ; elle eſt aſſez vigoureuſe, & tient des détrempes de *Carlo Cignani* : il y a apparence que les meilleures ſont de *Daniel Creſpi.* On voit auſſi quelques bas-reliefs aux devants d'autel , qui ſont bons , entr'autres , une Nativité.

Dans la croiſée de l'égliſe, à droite, on voit un tableau de la Vierge avec l'Enfant Jéſus, Saint Charles & Saint Bruno , du *Cerano.* Il eſt trèsbeau , mais fort noirci ; les têtes ſont belles , ſurtout celle de la Vierge ; le pinceau eſt large , & la couleur belle ; il eſt bien exécuté , & avec beaucoup de goût : c'eſt un beau morceau.

Au devant d'un autel , il y a un bas-relief aſſez bon , repréſentant Saint Bruno qui adore la croix.

Dans une eſpece de ſacriſtie on voit des tableaux de différens maîtres , entr'autres , de *Camillo Procaccino ,* où il y a quelque mérite , mais ils ſont ſecs ; du *Morazzone ,* qui ſont d'aſſez grande maniere, mais gris & flous ; du *Paſſignano ,* aſſez bien compoſés, bien drapés & d'un bon deſſein.

Une Annonciation, de *Julio Procaccino,* tableau

fort

fort beau, d'une belle couleur, forte, mais outrée. La maniere est fort grande; le pinceau beau & large. Les deux têtes sont belles & de grand caractere.

Dans des armoires il y a quelques petits tableaux de tapisserie à l'aiguille, exécutés avec beaucoup de finesse & de propreté. Ils sont dessinés avec esprit : c'est du mieux qu'on voie en ce genre. Il y en a un qui se voit également des deux côtés.

Dans la croisée il y a deux statues assez bonnes : Sainte Véronique, & une autre Sainte qui a un dragon sous ses pieds.

Le maître-autel est de marbre blanc, orné de pierres & de marbres précieux, avec goût, & d'une maniere sage.

Toutes les peintures de *Daniel Crespi*, qui sont dans le chœur, sont belles : on remarque principalement, à droite, Jésus au milieu des Docteurs.

La Présentation au temple.

A gauche, l'Adoration des Bergers.

L'Adoration des Mages.

Au fond, le Baptême de Saint Jean.

La Prédication de Saint Jean, & plusieurs autres, comme les quatre Peres de l'église, Saint Ambroise, Saint Grégoire, &c. & dans des niches, plusieurs figures, comme Saint Antoine, Saint

Onuphre, Sainte Marie Egyptienne, &c. Quelques-unes font d'une grande beauté. En haut on voit plufieurs fujets de la vie de Saint Bruno. Tous ces morceaux font de bonne maniere, & larges de pinceau; la couleur eft fiere & d'un ton bon & hardi: ils font cependant incorrects de deffein. Les ombres ne font quelquefois pas affez rompues: ce défaut fe trouve dans la plûpart des détrempes de cette églife. Il y a des draperies bleues, auffi bleues dans l'ombre que dans la lumiere. Le fiege où s'affied le fupérieur, & le lieu où on lit l'évangile, font décorés de marbre blanc, & d'affez bon goût d'architecture.

Dans une des facrifties on voit un tableau d'un Juif frappant avec un couteau une hoftie, d'où il fort du fang: le tonnerre tombe fur le coupable. Ce tableau eft d'affez bonne maniere, & large.

On y conferve plufieurs calices & autres ornemens d'églife en or, travaillés avec beaucoup de délicateffe, & traités avec goût, ornés de petites figures & de bas-reliefs affez bien finis, mais foiblement deffinés; un foleil d'or, décoré de grappes de raifins branlantes, formées & fort bien repréfentées par des perles.

Dans cette même facriftie on voit une efpece de couronnement d'autel, gothique, tout exécuté, & avec une grande propreté, d'os de cheval marin.

Ce gothique eft d'une proportion agréable & fage: ce font trois portes en tiers-point, toutes remplies de bas-reliefs enfermés dans des quarrés, repréfentant des fujets de l'ancien & du nouveau Teftament. Les petits ne font pas mauvais ; les ornemens qui les enferment, font du goût de la bonne architecture, & très-proprement travaillés.

· A la deuxieme chapelle, à gauche de l'églife. Le tableau d'autel, compofé de cinq morceaux, eft de *Pietro Perugino.* Il y a des têtes finement deffinées, & très-proprement peintes.

Dans une des chapelles fuivantes un tableau repréfentant Saint Jean-Baptifte. Il eft de bon ton ; la tête du Saint eft belle.

Enfuite on trouve un tableau du *Cavaliere Pietro Negri.* Il eft foible, mais cependant d'une couleur aimable, & peint avec douceur : il eft fort noirci.

Au devant de l'autel on voit un bas-relief affez bon.

Dans une autre chapelle, la Vierge, Sainte Catherine de Sienne, & une autre Sainte, du *Cavaliere del-Cayro,* tableau fort bon, bien peint, de belle couleur, & qui tient de celle de *Rubens.*

Une autre chapelle, dont le tableau d'autel eft du *Morazone.* Il eft de fort grande maniere.

Dans la croifée, à gauche de l'églife, eft un tableau de *Daniel Crefpi*, repréfentant Jéfus-Chrift appellant à lui les Saints : *Venez les bien aimés de mon pere.* La figure du Chrift n'eft pas belle ; le corps & les jambes femblent être d'un enfant de quinze ans ; les bras font beaucoup trop longs : mais les figures de Saints, qui font en bas, font très-belles ; elles ont de beaux caracteres de têtes, & font bien deffinées & bien peintes, d'une couleur & d'un pinceau qui tient du goût du *Tiziano.* Prefque toutes les peintures de détrempes, qui font dans ces chapelles, font belles, & paroiffent de *Daniel Crefpi* : elles font vigoureufes & d'excellent ton.

P A V I E.

CETTE ville n'offre rien de bien digne de curiosité. On y va voir le *Séminaire de Saint Charles*, qui est d'une architecture qui tient du bon goût. Les colonnes de la porte semblent liées au mur par des bossages qui s'y vont joindre. On ne peut pas dire que cela soit de mauvais goût, & ne puisse être employé à des portes de forteresse : mais dans ce lieu ces bossages semblent déplacés. L'intérieur de la cour a de l'élégance ; il est décoré de deux rangs de portiques l'un sur l'autre, à colonnes doublées & portant arcades : mais il semble que les colonnes soient trop écartées les unes des autres, & que ces portiques soient trop vuides.

Dans une place on voit une statue de bronze, du Pape Pie V. Il est debout & enveloppé de draperies assez bien jettées, & dans le goût du *Bernini*, mais fort lourdes. La tête est très-froidement exécutée.

On va voir les Jacobins, où il n'y a rien de bon que le second tableau à gauche en entrant, qui est beau, quoique noirci : c'est un Saint qui distribue

du pain aux pauvres. La maniere en eſt ferme , &
la couleur fort bonne. Il y a de belles têtes dans
un goût qui tient du *Carravage.*

Il faut auſſi voir le dôme qu'on rebâtit , quoiqu'il ſoit de mauvaiſe architecture , & moindre
que l'ancienne. Sur la place eſt une ſtatue équeſ-
tre , qui tient du Marc Aurele , & qui cependant
eſt fort médiocre.

GENES.

SAINT LAURENT, CATHÉDRALE. Dans la chapelle, à droite du fanctuaire, on voit un tableau du *Barocci*, mal confervé : il repréfente un Chrift en croix, la Vierge, Saint Jean & Saint Sébaftien. Il eft mal compofé & trop difperfé ; la couleur en eft gracieufe : mais les têtes font de caractere mefquin.

Au plafond du fanctuaire on voit la vie & le martyre de Saint Laurent, de *Tavaroni*. Il y a quelque deffein : mais la couleur eft mauvaife, & la maniere eft dure.

A la chapelle, à gauche du fanctuaire, le tableau d'autel, un autre de l'Adoration des Rois, & un de l'Adoration des Bergers, font de *Cambiagio*. Celui des Bergers eft mauvais ; les autres font bons, furtout l'Adoration des Rois eft d'un bon ton, & qui tient du *Tiziano*.

S. DOMINIQUE. On voit à gauche une Décollation de Saint Jean, tableau affez bon, & touché large.

Dans la troifieme chapelle, à gauche, eft une Affomption, dont les têtes font d'un caractere un peu bas : mais il y a de belles mains. La couleur eſt belle, & a de beaux tons ; le *faire* eſt large, mais un peu trop *sfumato* ; le ton eſt imité du *Tiziano* & de *Rubens*.

Dans la quatrieme chapelle, à droite, Saint Vincent Ferrier reſſuſcite un enfant qui a le ventre ouvert. Ce tableau eſt fort bien deſſiné ; il y a de belles têtes & un bon ton de couleur : il eſt un peu noir.

Le plafond du ſanctuaire, à freſque, eſt du *Capucino*. Il eſt d'un deſſein peu correct & peu noble, mais d'une couleur vigoureuſe ; le ton général eſt roux. Il y a des têtes belles & bien peintes : il eſt mal compoſé, & il n'y a ni grandes maſſes, ni effet.

A la premiere chapelle, à droite du ſanctuaire, eſt une Circonciſion de Jéſus-Chriſt, par *Procaccino*. C'eſt un très-beau morceau ; il eſt compoſé grandement & bien rempli, bien deſſiné & de fort grand caractere ; les têtes ſont belles : celle de la Vierge n'eſt cependant pas d'une belle perſonne ; ſa couleur eſt fiere & belle : il eſt noirci.

EGLISE DES JÉSUITES. Dans la croiſée, à droite, l'Aſſomption de la Vierge, grand tableau de *Guido Reni*, de vingt-ſix, tant grandes figures qu'enfans. C'eſt un tableau admirable, & de la plus grande force ; les ombres ſont dans ſa maniere forte & brune.

Au maître-autel, la Circoncifion, par *Rubens.*
C'eft un grand morceau de figures très-grandes
dans le tableau, bien grouppé & d'un grand effet;
la lumiere eft bien raffemblée & bien liée, de
grand goût & de grand caractere : la tête de Vierge
eft cependant d'un caractere commun; les ombres
font fort brunes.

A la croifée, à gauche, on voit un Saint Jé-
fuite, qui guérit une poffédée, & reffufcite des
enfans. C'eft un grand tableau de *Rubens* ; il eft
admirable, d'une belle compofition diftribuée par
grandes maffes d'ombres & de lumieres ; les têtes
font belles, bien rendues & de beaux caracteres,
belle couleur, belles étoffes. Ce tableau eft d'un
ton général plus vrai & meilleur que l'autre.

Un Saint Etienne lapidé, de *Padi*, affez correctement deffiné & bien peint, mais foible de
caractere, & d'une maniere froide & pefante.

Au deuxieme autel, à droite, on voit un Chrift
en croix, la Vierge dans la douleur, Saint Jean,
&c. tableau d'une maniere ferme & affez grande,
brune d'ombre & de maffes décidées. Il eft bien
deffiné, & dans le goût du *Carravage.*

L'ALBERGHO DE POVERI. Il y a une ftatue du
Puget, repréfentant l'Affomption de la Vierge,
avec quelques Anges. Elle eft très-belle, très-
fvelte & légere; les mains font belles & délicates,

& elle eſt bien drapée : la draperie qui la traverſe, eſt cependant un peu lourde & molle de formes ; les Anges approchant leurs têtes, ſemblent avoir été génés par le bloc.

Trois tableaux de demi-figures, qui ſont au pilier, paroiſſent très-beaux : mais ils ſont loin des yeux, & fort noircis.

Notre-Dame des Vignes. Le bas d'autel, l'urne & les ornemens ſont du *Puget*, & de grand & excellent goût.

L'Eglise de Carignano. La Vierge, Saint François & Saint Charles, de *J. C. Procaccino.* Ce morceau eſt d'une couleur griſe bleuâtre. La tête de Vierge eſt belle, auſſi bien que quelques Anges, qui ſont bien colorés, & d'une maniere grande & gracieuſe : il eſt fort noirci.

Saint François recevant les ſtigmates, du *Guercino*, tableau excellent, ferme & tenant le milieu entre ſa maniere bleue & ſa maniere rouge ; les têtes ſont belles, auſſi bien que les mains & les pieds : le tout eſt bien drapé & d'un pinceau facile.

S. *Aleſſandro Pauli*, du *Puget.* C'eſt une ſtatue admirable ; elle eſt du plus grand goût, large, bien drapée, & d'une maniere très-grande : elle peut avoir douze pieds de proportion.

Saint *Sébaſtien*, du même, également admirable : les muſcles ne ſemblent pas tout-à-fait aſſez reſſentis, & la figure eſt un peu maniérée, mais cependant d'un *faire* très - grand. Les parties, comme les têtes, les pieds & les mains, ſont très-belles.

Sainte Marie Egyptienne, communiée par Saint Maximin, de *Vanni de Sienne.* Ce morceau eſt fort dans le goût du *Barocci,* & très-beau, ſur-tout le Saint, les deux Anges & la gloire en haut. Le payſage eſt un peu petit, mais cependant bon. Les têtes ſont belles & gracieuſes ; il en eſt de même des mains, qui ſont belles & bien finies. La Sainte eſt laide, & d'une couleur déſagréable.

Un Chriſt mort, de *Cambiagi.* Il eſt d'une cou-leur griſe & mauvaiſe ; les têtes ſont groſſes : il y a cependant des expreſſions de douleur bien ren-dues, de belles draperies proprement exécutées & bien peintes.

Au deſſus de la porte eſt un tableau de *Sarzano,* où il y a du bon.

S. Francesco in Castelletto. Une Nativité, de *Cencini.* Elle eſt médiocre, peinte avec quelque douceur, mais plate, point de couleur, & mal deſſinée.

Un Saint qui remet un pied. Ce tableau eſt dans la maniere Vénitienne, mais mauvais : il y a cependant quelques têtes qui font bonnes.

Santa Magdalena. Eglife toute peinte du *Parmegianino.* Il y a quelque efprit & quelque goût ; la maniere de draper eft pliffotée & fauffe , point de couleur, fans rondeur & d'un goût mefquin.

Les peintures des croifées font de *Sigifmond Belli*, & font pires encore, & d'un goût pefant.

Au fecond autel, à gauche, on voit une Affomption. Ce tableau eft affez beau, & dans le goût de *Vandik.* Il y a quelques têtes qui font belles & de bon ton.

Aux Bénédictins. On voit une Adoration des Mages, de *Cambiagi*, tableau fort gâté, mais où il y a de fort belles chofes ; les têtes font très-belles : il eft mieux peint & plus colorié que ne le font d'ordinaire les ouvrages de ce maître.

A une chapelle dans la croifée, à droite, il y a un tableau repréfentant Saint Benoît, Saint Luc & Saint Jean-Baptifte, du même. Il y a du bon, mais il eft plat, dans le goût Florentin.

Santa Maria di Carignano. Saint Pierre & Saint Jean guériffant le paralytique, de *Dominico Piola.* Il eft bon, bien compofé ; mais la couleur & la maniere en font pefantes. Le paralytique eft très-bien.

Le Martyre de Saint Blaife, qu'on éleve avec

une poulie , de *Carlo Maratti*. Il eſt d'une belle & large maniere , bien deſſiné , de belles formes , & de bonne couleur : on y trouve de belles parties de détail.

L'Annonciata. Au deſſus de la porte on voit une Cene , de *J. C. Procaccino*. Ce tableau eſt de grande maniere, d'une couleur belle & forte : c'eſt un très-beau morceau.

Le Martyre de Saint Clément , qui eſt dans la premiere chapelle , à gauche , auſſi bien que les plafonds de la nef , quoiqu'il y ait quelque mérite , ſont cependant des ouvrages médiocres & de mauvaiſe couleur : ils ſont de *Carloni*.

La coupole , qui eſt de *Valerio Caſtelli* , eſt meilleure : il y a du deſſein , du caractere & du génie.

Le plafond du chœur , du *Benſi*, eſt foible.

Dans la ſacriſtie il y a quatre tableaux de *Sarzano* , & deux tableaux de demi-figures , dont on ignore l'auteur. Ils ſont beaux, ſurtout celui d'Eſaü, qui cede ſon droit d'aîneſſe , eſt bien deſſiné , d'une couleur agréable , & d'une bonne touche : il tient du goût du *Prete Genoveſe*.

Les ouvrages de *Parodi* ſont médiocres & barboteux.

S. Philippe de Neri. Le plafond , de *Franceſchini* , eſt bien deſſiné , mais il eſt ſans effet, ſec & plat.

Au fecond autel, à gauche, on voit Sainte Ca-therine de Sienne, de *Piola*. Il y a de la force & du goût.

S. Philippe de Neri, grouppe de fculpture, bien exécuté : il paroit d'un éleve du *Bernini*.

S. Ciro, belle églife. Les plafonds, de *Carloni* le fils, font paffables, mais d'une couleur trop jaune.

Dans une chapelle, un tableau repréfentant la Naiffance de Jéfus, de *Cambiagi*. Il y a quelques graces, mais il eft fec, quoique *sfumato*, c'eft-à-dire, indécis.

A un autel, à droite, on voit un Evêque à qui la Vierge donne le fcapulaire. Il y a des chofes fines & bien exécutées dans ce tableau.

S. Luca. Toute l'églife eft peinte par *Piola* le pere : il y a quelque goût tenant de *Pietro da Cortona* & de *Rubens*. La maniere eft affez large, mais le deffein eft incorrect, & la couleur fauffe.

Dans une chapelle, à droite, on voit un excel-lent tableau de *Greghetto*, dit *Benedetto di Cafti-glione*. Il eft bien compofé, bien deffiné ; les têtes font très-belles & bien finies ; les draperies peintes & deffinées avec fineffe; la maniere eft affez grande, quoique délicate ; les animaux & le panier font bien rendus : la couleur cependant eft un peu trop rouge.

SALLE DU GRAND CONSEIL. Cette Salle eſt d'une belle grandeur, & d'une belle proportion, mais décorée d'ornemens de fort mauvais goût, avec des ſtatues de la plus mauvaiſe ſculpture. Les pla-fonds & tableaux ſont de *Franceſchini*. Ils ſont aſſez bien compoſés, quoique très-froidement, deſſinés correctement, & aſſez bien drapés de draperies bien formées. La maniere eſt très-ſéche; la couleur en eſt fort mauvaiſe & ſans effet. Ce ſont des ſujets de l'hiſtoire de la République de Genes.

LA SALLE DU PETIT CONSEIL. Aux deux bouts de cette Salle, & au milieu de la voûte, on voit trois grands morceaux de *Solimeni*. Celui du côté du tribunal eſt en partie caché par un dais qui em-pêche de le voir : le ſujet eſt l'Arrivée de Chriſto-phe Colomb en Amérique.

Celui qui eſt vis-à-vis, à l'autre bout de la ſalle, repréſente la Tranſlation des reliques de Saint Jean-Baptiſte, au port de Genes : l'Archevéque & le Doge viennent les recevoir.

Le plafond repréſente le Maſſacre des Enfans de la famille de *Juſtiniani*, Souverain de l'iſle de Chypre, par les ordres de l'Empereur Soliman. Ces tableaux ſont d'une belle ordonnance, & d'une grande compoſition, bien deſſinés, avec correc-tion, fineſſe & caractere, mais d'un effet fort dur;

les ombres exceſſivement noires & tranchées avec une dureté extrême. Elles ſont d'un noir bleuâtre de couleur d'encre ; les ciels en ſont noirs, quoique ces ſujets ſoient éclairés du jour. Celui du plafond eſt compoſé ſur des plans ingénieux & bien vus en deſſous : mais l'architecture eſt fort mal traitée de plafonds. Les gradins & terraſſes ſont aſſez bien leur effet : mais les colonnes & le reſte de l'architecture tombent vers le ſpectateur. Les bordures qui l'entourent ſont de la forme la plus ridicule qu'il ſoit poſſible d'imaginer.

Les figures peintes en griſaille, qui ſont dans les deux ſalles, ſont de *Parodi*, d'un caractere aſſez grand, bien drapées, & ont du relief : cependant le pinceau n'en paroît pas aſſez propre. Il y a un grenu qui n'imite pas bien la netteté du ſtuc.

PALAIS BRIGNOLETTI. Un tableau (demi-figures de grandeur naturelle) repréſentant le Pere éternel, & un petit Ange tenant le globe du monde, du *Guercino*. Il eſt très-beau, d'une très-belle maniere, & d'une bonne couleur, qui n'eſt ni bleue, ni rouge, mais qui tient un peu des deux.

Quatre tableaux d'Apôtres, demi-figures preſque juſqu'aux genoux, de grandeur naturelle. Ils ſont très-beaux, d'une couleur très-forte & belle, de fort grand caractere ; les têtes, fans être nobles, font belles & rendues avec les plus beaux détails : ils paroiffent du *Preti Genovefe*, autrement nommé *il Capucino*.

Un tableau de Judith donnant la tête d'Holoferne à une Efclave Negre, figures de grandeur naturelle, par *P. Veronefe*. Ce morceau eft excellent pour la compofition, d'un deffein très-fin & rempli de graces, d'une couleur admirable ; il eft d'un ton vermeil roux, très-beau & très-vrai, différent de fes tons vermeils ordinaires, qui tirent un peu fur le violet : au refte la tête de Judith eft de petit caractere. Il y a auffi trop de reffemblance de ton entre les draperies de la Judith & celles de l'Efclave. Le tronc de l'Holopherne eft une des belles parties du tableau : cependant le fpectacle du col coupé eft trop vrai, & paroît affreux. Il y a bien peu de maîtres à qui l'on puiffe reprocher, comme un défaut, l'excès de vérité.

Une Sainte à genoux, petit tableau, figure tiers de nature. Ce morceau eft fin de deffein ; la tête eft très-belle, d'une couleur belle, & dont les tons font clairs & agréables.

Une belle tête de Vieillard, qui tient un papier. Ce tableau eft dans une maniere ferme & frappée, qui tient de l'*Efpagnoletto*.

Un tableau, demi-figures de grandeur naturelle, dont le sujet est *rendez à César ce qui est à César, &c.* Il est admirable, large de pinceau, très-bien peint, d'une couleur très-belle & très-forte : il paroît de *Vandick.*

Une Sainte Famille, figures entieres, de grandeur naturelle, d'une composition neuve & grande, d'une couleur excellente, fiere & très-vigoureuse, de grand caractere & de grande maniere. On y voit de beaux enfans ; le ton général est roux ; celui des ombres est bon : il paroît de *J. C. Procaccino.*

La Vierge, l'Enfant Jésus, & le petit Saint Jean. Ce tableau est très-beau, d'une belle couleur & d'un pinceau facile : la Vierge est vêtue trop en servante.

Une Magdeleine, qui paroît du *Tiziano.* Il y a de très-belles choses.

Plusieurs autres têtes très-belles, qui paroissent aussi du *Tiziano.*

Un petit tableau de la Nativité, de *P. Veronese,* où il y a des choses excellentes ; mais il est peu fini.

Un petit tableau, figures au dessous d'un pied, dont le sujet est *noli me tangere.* Il paroît être du *Guercino.* Ce petit morceau est très-précieux, d'une couleur claire & agréable, & d'un dessein très-fin.

Au deſſus d'une porte, eſt une ſainte Famille dans un goût qui tient de celui d'*Andrea del Sarte*: quoiqu'il ne ſoit pas d'une couleur ſi vive que la plûpart des tableaux qu'on voit de lui à Florence. Il eſt néanmoins d'une grande beauté, d'un fini excellent, d'un deſſein très-correct, très-pur, & de très-belle couleur.

Une Adoration des Rois, où il y a des choſes d'une fort belle couleur. Ce tableau tient du *Tiziano.*

Saint Thomas incrédule : tableau très-beau, d'un gris bleuâtre, très-frais & aimable.

Saint François, auſſi fort beau, d'un ton plus jaunâtre : on les dit du *Capucino.*

Un tableau de figures de 18 à 20 pouces, compoſition aſſez grande de *Greghetto*, dit *il Caſtiglione*, fort beau, mais noirci.

La Vierge ſur un trône, ſaint Jean l'Evangéliſte, & un autre Apôtre : c'eſt un grand tableau, figures entieres de grandeur naturelle, du *Guercino*. Il eſt d'une grande beauté, d'une maniere forte, & d'un bon ton de couleur.

Un tableau d'un des *Baſſano*, fort bon.

Deux autres tableaux de la ſainte Famille, fort beaux.

Un grand tableau, figures de grandeur naturelle, repréſentant Clorinde qui délivre les Chrétiens ; il eſt très-beau, d'une belle compoſition, & les têtes en ſont belles : il paroît du *Cala-breze*. Les ombres ſont, ſelon ſa maniere, fort noires.

Vis-à-vis on voit un tableau en pendant, qui paroît du même.

La Réſurrection du Lazare, très-beau tableau, & d'une compoſition ſinguliere.

Un grand tableau, figures entieres de grandeur naturelle, du *Guercino*, dont le ſujet eſt les Vendeurs chaſſés du Temple. Ce tableau eſt très-beau, dans une maniere claire, & un peu rouge : il y a des graces, & de fort belles têtes. La compoſition en eſt ſinguliere, & ne tient point de la maniere dont on traite ordinairement ce ſujet.

Un tableau où l'on voit une Femme les mains liées, qui ſemble devoir être une Martyre, & deux autres figures, demi-figures de grandeur naturelle : il eſt beau, & dans le goût du *Guercino*, mais fort noirci. On y voit une belle tête de Vieillard.

Une tête de ſaint Paul, peinte avec un goût & un *faire* excellent, large, & d'une couleur très-forte.

Saint Sébaſtien, dit du *Guide*. Il eſt beau, mais il n'y paroît que peu de ſa maniere.

Une Femme qui écrit, demi-figure, du même, très-belle.

Autres demi-figures de Chrift & de Femme, qui femblent auffi de lui, & font très-belles.

Le Chrift tenant fa croix, demi-figure, de *Van-dick* : il eft admirable.

Un portrait d'un homme à cheval, par le même, d'une grande beauté.

Le portrait d'une femme en pied, & quelques autres têtes, portraits, du même : tous beaux tableaux.

Un Homme qui joue de la flûte, du *Capucino*, très-beau, bien frappé.

Un grand tableau de l'Enlévement des Sabines, & pour pendant, Apollon fur fon char, précédé des heures, qui paroiffent d'un des Peintres de Venife. Ils font d'une couleur fort maniérée, mais brillante, très-vive, agréable, & qui tient de *Ru-bens* ; du refte, fort incorrects de deffein.

Un tableau de *Rubens*, figures jufqu'aux ge-noux, de grandeur naturelle. On y voit une fem-me entre les bras d'un Héros dont la tête eft un portrait : elle tient un grand flacon d'argent ; un Satyre, & un petit Amour qui défarme le Héros. Dans l'ombre eft une efpece de Furie, un flam-beau à la main : il paroît que c'eft le Démon de la guerre. Ce tableau eft de la plus grande beauté ; la couleur & l'effet de lumiere en font admirables, les têtes d'une beauté, & d'une vérité d'expreffion

& d'exécution merveilleuse : il eft bien deffiné ; & d'un beau choix. C'eft un excellent morceau.

Un petit tableau de l'Annonciation, dans la maniere de *P. Veronefe* ; il eft foible : il y a cependant de belles chofes.

Une Vierge & un Sénateur, de grandeur naturelle, tenant auffi de cette maniere, où il y a du bon.

Une Femme affife tenant un dard & une palme, de grandeur prefque naturelle. Ce tableau eft fort beau, & de très-belle couleur ; les draperies font bien peintes, & d'une maniere brillante & fenfible : le deffein eft correct, le pinceau hardi & bien manié.

Une Charité, environnée de plufieurs enfans, de grand caractere & de belle couleur : les enfans font très-beaux.

Une Vierge, faint Jean-Baptifte, & autres : tableau broffé dans le gcût Vénitien, & de bon ton.

Deux Portraits de *Rigaud*, dans fes derniers temps, fecs & de couleur rouge ; mais deffinés avec juftelle, & d'une exécution très-finie.

PALAIS CAREGHA. L'Adoration des Rois, de *P. Veronefe* : ce tableau eft fort beau, quoique d'une couleur noire & bleuâtre.

Un portrait d'Evéque.

Un Portrait de Rubens, peint par lui-même : il eft admirable.

Un petit tableau de *Rubens*, admirable. C'eſt une grande compoſition : il paroît que le ſujet eſt un Evêque qui reçoit un Empereur.

Un petit tableau repréſentant Coriolan qui reçoit ſa mere. C'eſt un très-beau morceau : on le dit de *Vandick*, quoiqu'il paroiſſe peu de ſa maniere.

Iſaac, Jacob & Eſaü, tableau admirable du *Capucino* : la couleur en eſt très-forte, & il y a des vérités de nature bien rendues.

Saint Luc, du *Guercino*, demi-figure, de ſon bon temps, mais peu fini & foible.

Un tableau ovale, repréſentant la Vierge & l'Enfant Jéſus, de *Carlo Cignani* : il y a beaucoup de graces.

Rachel aſſiſe ſur les Idoles de Laban qui les cherche, par *Greghetto*, autrement dit *Benedetto di Caſtiglione*. Il eſt bon.

Judith, demi-figure, & la robe de Joſeph apportée à Jacob, demi-figures, du *Guercino*. Ces deux tableaux ſont admirables.

Hérodiade & la tête de ſaint Jean-Baptiſte, du *Tiziano* ; tableau fort beau : cependant la couleur eſt rouſſe, & il eſt un peu ſec.

Une Vierge & l'Enfant Jéſus, de *Julio Ceſare Procaccino*. Ce morceau eſt excellent, & de la plus belle couleur.

Une Femme, de *Simon da Pefaro*, dans l'imitation du *Guide* : elle eſt d'une couleur très-belle & très-fraîche.

Une Vierge & l'Enfant Jéſus, de *Carlo Maratti* : ce morceau paroit un fruit de ſa vieilleſſe. Il eſt foible, & d'une maniere très-indéciſe, ce que les Italiens appellent *sfumato*.

Une Vierge, l'Enfant Jéſus l'embraſſe. Ce tableau eſt très-beau, & quoique fort noirci, il eſt d'une très-belle couleur. Il paroît du *Capucino*.

Un Chriſt mort, & deux Anges, ou une femme & un Ange ; car on a de la peine à diſtinguer ſi l'une de ces deux têtes eſt de femme ou de jeune homme. Ce tableau eſt d'une grande beauté, d'une couleur belle & forte ; les têtes ſont admirables, le caractere de deſſein eſt grand.

Une Vierge, l'Enfant Jeſus, S. Dominique & ſainte Catherine de Sienne, par *Solimeni*. Ce tableau eſt de bon ton & plein de grace, dans la maniere de *Luca Giordano*.

Noli me tangere, & la Samaritaine, de *Franceſchini*. Ces tableaux ſont d'un bon ton, mais ſecs.

Un Sacrifice d'Abraham.

S. Barthelemi, de *M. Angelo da Caravagio* : admirable, belles têtes, avec des vérités de détail dans les Vieillards, qui ſont excellemment bien rendues.

Saint Sébastien, du même : il est beaucoup moindre, sec & sans demi-teintes.

Dans la Chapelle, on voit une Vierge & l'Enfant Jésus, statues de marbre blanc, *du Puget*. Cette sculpture paroît peu intéressante au premier coup d'œil ; mais cependant elle est très-belle en détail.

Dans l'antichambre, on voit un tableau d'animaux, de grandeur naturelle, qui est beau, & paroît dans la maniere de *Luca Giordano*.

PALAIS DE PHILIPPE DURRAZZO. Abigail & David : ce tableau est foible & noir.

Rendez à Céfar ce qui est à Céfar : tableau fini, mais trop rouge. David donne la lettre pour faire périr Urie. Ces tableaux font du *Guercino*.

Un tableau de la Femme adultere, de *Julio Cefare Procaccino* : il est d'une maniere très-grande, & d'une admirable couleur.

Un tableau de la Fuite en Egypte. il est beau, dans une maniere qui tient de celle du *Pouffin*.

Marfias écorché : tableau de *P. Veronefe*, qui est bon fans cependant être de fon beau.

Un petit tableau du martyre de faint Etienne, qui paroît du *Carracci*, & est fort bon.

Un tableau de *Greghetto* ; le fujet est Dieu créant les oifeaux : il est fort beau.

Une copie de la Magdeleine, du *Tiziano*.

Un tableau d'une femme, de belle couleur, mais incorrect de dessein.

Une femme qui avale des charbons ardens : copie du *Guide*, & fort noircie.

Un tableau de saint *Sébastien* : buste, dans la maniere des *Carraches*.

Une sainte Cécile, d'*Andrea del Sarte*.

Une Judith triomphante, de *Solimeni* : ce morceau est assez bon ; mais d'une couleur d'un noir-bleu dans les ombres, & fausse.

Un petit tableau du Mariage de sainte Catherine de *Sienne*, avec l'Enfant Jésus, par *P. Veronese*. Il est très-beau.

La Charité Romaine, du *Guido*.

Agar, l'Enfant & l'Ange. Ce tableau est très-beau, & de belle couleur : il semble être de *Carlo Lotti*, ou de *Carlo Cignagni*.

Un Enfant dormant, du *Guido*.

Un *Ecce Homo* : il est très-beau, & dans la maniere du *Tiziano*.

Un tableau dont nous avons oublié le sujet, où l'on voit quelques soldats. Il est du *Solimeni*, dans son ton noir-bleu.

Deux tableaux de Philosophes, de l'*Espagnoletto*. Ils sont admirables, surtout pour les vérités de détail, & la fierté de la maniere.

Un saint Jerôme, qui paroît du même.

Deux tableaux de portraits en pied , de *Van-dick* , admirables. C'eſt la nature même.

Un tableau de pluſieurs Enfans , du même.

Un autre d'un Enfant , du même , & d'une vérité de couleur & d'effet admirable.

Un Chriſt à la colonne , demi-figure. Il paroît du *Tiʒiano*.

Vénus dormant , un Enfant & un Satyre. Ce tableau eſt fort beau , d'un coloris roux.

PALAIS PALAVICINI , dans la rue *Lomellini*.

Un grand tableau , figures entieres de grandeur naturelle , c'eſt Adonis mort , Vénus ſemble prête à s'évanouir. Ce tableau paroît de *Vandick* , & a de grandes beautés , ſurtout la figure d'Adonis.

Un tableau du Silence , avec une femme & un autre homme. Ce morceau eſt fort dans la maniere de *Rubens* , & a de très-grandes beautés , ſurtout la tête de femme : cependant la figure du Silence eſt un peu plate , & les demi-teintes n'en paroiſſent pas auſſi colorées qu'il eſt ordinaire à ce Maître.

Un petit tableau , demi-figure , quart de nature, repréſentant une ſainte Famille. Il eſt d'une maniere qui tient du *Carracci* , & eſt admirable pour la correction du deſſein , la beauté des caracteres de tête , & le beau *faire*. Il eſt noirci.

Un petit tableau de *Giacomo Baſſano* , fort beau.

Quelques Prophetes, beaux.

Un tableau de Diane & Actéon avec les Nymphes, qui paroît de l'*Albani*. Il est bien conservé, les figures des femmes sont finement dessinées, & toutes les têtes sont très-belles & précieuses. Leurs graces paroissent caractériser ce Maître ; cependant la couleur en est d'un gris qui ne tient point du jaunâtre qui lui est ordinaire : le pinceau en est froid, très-propre & très-fini. Il est cependant bien peint.

Une sainte Famille & saint Jérôme, figures de grandeur presque naturelle. Ce tableau, dans la couleur, dans l'effet & dans la maniere du *Tiziano*, est fort beau.

L'Adoration des Rois, du *Tintoretto*. Il est bon.

Un tableau du *Bassano*, d'une couleur fort grise, & toute différente de celle qui est ordinaire à ce Maître. Il est cependant bien de son *faire*, & très-beau ; facile & gras de pinceau.

Quelques portraits qui sont beaux.

Palais de Giacomino Balbi. Saint *Sébastien*, de *Vandick*, grandeur naturelle. Ce tableau est traité de grand goût : il y a peu de demi-teintes, ce qui ne le rend pas aussi rond que les autres de ce Maître.

Un tableau, figures demi-naturelles, du *Guercino*. Il représente une femme qui paroît possédée, deux Vieillards & un Enfant. Il est noirci, mais très-beau ; de sa grande force, & dans son ton bleuâtre.

Une Réfurrection, du *Tintoretto*. Ce morceau est fingulier de compofition, & beau.

Un Martyr entre les mains des bourreaux, tiers de nature. Ce tableau est beau, clair d'effet, de ton piquant & d'une belle couleur, quoiqu'outrée : il est du *Capucino*.

Un *Greghetto*, noirci, mais beau.

Un tableau repréfentant un Triomphe, figures d'un pied : il ne paroît pas entier. Le triompha- teur qui doit être Bacchus, n'y est pas. C'est une efquiffe finie, de *Rubens* ; la compofition est gran- de, bien grouppée & de grand effet, il est bien touché ; enfin ce petit morceau est d'une grande beauté.

Deux grands Payfages de *Rubens*, qui font broffés du goût & de la maniere la plus hardie. L'effet en est grand, & l'on y découvre une éten- due de pays merveilleufe : l'un repréfente une plai- ne, dans l'autre on voit un arc-en-ciel.

Le mauvais Riche, petit tableau de *Jacopo Baffano*, qui paroît beau.

Un Cardinal, & quelques autres figures de gran- deur naturelle, qui paroiffent dans la maniere de *Julio Romano*, de grand caractere, & de très- grande maniere.

Le portrait d'une Religieuse , d'une grande beauté , & plein de vie.

Deux petits tableaux de *Brughels* , repréfentant Adam & Eve , figures de huit a neuf pouces. Ils font prodigieufement finis , mais froids & d'une couleur fans fraîcheur.

Trois grands tableaux de *Luca Giordano.*

L'Enlévement des Sabines : il eft de très-belle couleur , frais & d'une maniere fort large.

Perfée qui renverfe la table , & combat avec la tête de Médufe. Ce tableau eft d'une couleur plus grife , mais cependant d'une grande beauté , d'une belle touche , facile & large : la compofition en eft ingénieufe & pleine de feu.

Jéfabel mangée des chiens : fpectacle horrible , mais bien traité. On n'y voit rien de dégoûtant : elle eft enfanglantée , fans laiffer voir de plaie. Ce tableau eft traité d'une maniere plus fiere & plus hardie que les autres. Il eft d'une compofi- tion très-animée , il femble que la maniere tienne en quelque chofe de l'imitation de *Vandick.*

Saint Jean-Baptifte , du *Guercino :* il eft beau , dans fa maniere rouge , avec les ombres brunes.

Une fainte Famille , de *Rubens* , où il y a un berceau. Quoique ce tableau foit d'une grande beauté , il femble qu'on n'y trouve pas la main de *Rubens :* on peut foupçonner que c'eft une très-belle copie, faite par quelqu'excellent Peintre.

Une Vénus & l'Amour, qui paroît du *Tiziano*. Il eſt fort bon, mais on l'a aggrandi fort mal.

Un Gueux qui rit, tenant un livre, de grandeur naturelle, par l'*Eſpagnoletto*. Il eſt fort beau.

Deux Portraits en pied, de grandeur naturelle, par *Vandick* : l'un repréſente un Sénateur, & l'autre ſon épouſe, femme âgée. Ces deux tableaux ſont de la plus grande beauté poſſible, & d'un effet admirable : c'eſt la nature même.

Les portraits de trois Enfans, du même, également admirables.

Un tableau, demi-figures, qui ſemble du *Parmegianino*. Il y a de bonnes choſes, mais il paroît de la ſéchereſſe dans le *faire*.

Un grand tableau allégorique, de *Luca Giordano*, dont on ignore le ſujet. On y voit une femme, & quelques autres qui paroiſſent ſes ſuivantes ; un Héros, une Furie, un Tigre, &c. Il eſt médiocre.

Du même, un tableau, figures de grandeur naturelle, repréſentant Diogene qui cherche un homme. Il eſt beau, & d'un grand effet.

Quelques tableaux d'un Maître ancien, où il y a de belles têtes. Les ſujets ſont allégoriques.

Palais de Marcellino Durazzo. Séneque mourant, admirable quant aux figures des Secretaires : le *Séneque* eſt d'un caractere bas. Ce morceau eſt de bon ton , & d'une bonne harmonie : le caractere de deſſein eſt grand , & le pinceau large.

Clorinde qui délivre les deux Chrétiens condamnés au feu. Ce tableau eſt plus agréable & plus clair; les chairs ſont de la plus belle & de la plus fraiche couleur : l'effet de lumiere eſt beau.

Phinée renverſé par la tête de Méduſe : c'eſt un tableau excellent, d'une belle compoſition , d'un bel effet & de belle couleur. Ces tableaux ſont de *Luca Giordano.*

Adam & Eve chaſſés du Paradis, de *Julio-Cefare Procaccino.* Ce tableau eſt très-beau , de grand caractere, d'un pinceau agréable & large.

La Vierge , l'Enfant Jéſus , & ſainte Catherine martyre , de *Vandick.* Il eſt admirable.

Un très-beau Portrait en pied , de *Vandick.*

Un Evêque , dit du même ; la tête & les mains ſont très-belles ; les draperies ne paroiſſent pas de la même main.

La Vierge & l'Enfant Jéſus , du *Capucino.* La tête eſt d'un caractere commun , & de couleur un peu ſale ; les draperies en ſont vives & bien peintes.

Dans la premiere ſalle , un Portrait à cheval.

Un tableau repréſentant un Sénateur de la mai-

ſon

fon *Balbi*, allant à l'audience du Grand-Seigneur.

Un grand tableau, de *P. Veronese*, représentant la Magdeleine aux pieds de Jéfus-Chrift. Ce tableau eft admirable, bien compofé; les têtes font belles, de grand caractere & bien vraies : celle de la Magleleine eft remplie de graces & d'une fraicheur charmante; les mains font belles, bien deffinées & très-vraies, les ajuftemens bien traités. Ce morceau eft bien confervé, & le ciel en eft clair. On y peut encore obferver la méthode de ce Maître, peu commune & très-intelligente, de refleter beaucoup les devants du tableau.

Dans la galerie, on voit un plafond de *Parodi*, d'affez grande maniere; mais de mauvaife couleur, froid & fade.

Il y a des Antiques paffables.

Une ftatue de Berger, du pere de *Parodi :* elle eft bonne, & a du mérite dans la maniere. Le travail rend bien la chair, principalement au corps.

L'Enlévement de Proferpine, de *Schiafino*. Il y a quelque chofe de bon, & la chair eft bien rendue; mais il eft maniéré, incorrect & outré.

Deux tableaux de *Giacomo Baffano*. Ils font très-beaux, particuliérement celui du Déluge.

Deux autres tableaux, de *Benedetto Greghetto*

Tome III, Part. VI.   S

furnommé *di Caftiglione*. Ils font fort beaux.

Deux têtes, dont l'une eft un homme qui allume une bougie : il eft frappé de bon goût, & beau ; & l'autre une femme dans le goût du *Tiziano*.

Une autre tête qui paroît du *Tiziano*, & même de fa meilleure maniere : mais elle femble retouchée.

Le portrait d'Anne de Boulen. Il eft de belle couleur : mais les mains font mauvaifes.

Deux tableaux qui paroiffent du *Borgognone* : l'un eft une Bataille ; l'autre, un Payfage avec des foldats.

Un tableau du *Greghetto* : il repréfente une femme avec plufieurs animaux & oifeaux. Il eft très-beau.

Deux tableaux pendants, fort dans le ton du *Baffano*, dont l'un, qui eft la Sortie de l'arche, eft beau, bien rendu & piquant ; l'autre repréfente un Satyre & quelques femmes. La couleur en eft maniérée : cependant c'eft un bon tableau.

Saint Pierre renonçant Jéfus-Chrift, demi-figure, du *Caravagio*. Il eft bon, mais fec.

Un Chrift & la Vierge, de *Carlino Dolce*. Il eft très-doux.

Un Chrift mort, dit du *Caravagio*. Il eft peu fait, mais large de maniere.

Une grande Femme, de *Vandick*. Les mains

ne font pas belles ; il y en a une qui eft repeinte
& mal.

Un Chrift en croix , le Pere éternel & quelques
Anges vus en plafond , du *Tintoretto* , portion de
tableau , dont le refte a été brûlé. Il eft beau,
proprement exécuté , & tenant du goût de *P. Veronefe.*

Un petit tableau d'un Satyre , copie , & d'ailleurs affez mauvais.

Un tableau , bufte , d'un Saint tenant une palme. Il eft d'affez bonne couleur.

En fculpture , un bufte antique , de *Vitellius,*
qui eft admirable , d'un beau travail , grenu &
plein de goût.

Un Portrait en pied , que l'on dit de *Rigaud,*
& qui tient plus de la maniere de *Largilliere,* mais
qui n'eft digne , ni de l'un , ni de l'autre : la tête
eft cependant affez belle , quoique le coloris en
foit trop rouge.

Junon attachant les yeux d'Argus à fon paon ,
de *Rubens.* C'eft un grand morceau , beau fans
être excellent : il faut cependant en excepter la
figure d'homme , qui eft admirablement peinte ;
le refte eft moindre. Les enfans font d'une couleur
trop rouge ; la compofition eft belle , grande &
noble , & l'effet de lumiere eft bien entendu.

Une tête coëffée d'un turban , avec les mains

l'une dans l'autre, de *Reimbrand*. C'eſt un morceau admirable.

La Vierge, l'Enfant Jéſus, Sainte Eliſabeth, Saint Joſeph & le petit Saint Jean. C'eſt un admirable tableau ; la tête de Vierge eſt noble & pure de deſſein, d'une belle forme, d'une couleur & d'un pinceau admirables ; l'Enfant Jéſus eſt plein de fineſſe & de graces, auſſi bien que le Saint Jean. Ce morceau eſt d'autant plus beau, qu'il eſt très-correct de deſſein.

Un tableau, dont les figures ſont du quart de nature, où l'on voit la Vierge, l'Enfant Jéſus, deux Bergers & un Vieillard : on le dit du *Tiziano*. En effet il y a de la force de couleur, & quelques belles têtes : mais il y a de la ſéchereſſe & de la petiteſſe dans l'exécution.

Saint Jean-Baptiſte. Ce tableau eſt beau, quoique le caractere de la tête ſoit bas : il tient beaucoup de la maniere de l'*Eſpagnoletto*.

La Vierge, l'Enfant Jéſus, Saint Jean & Sainte Eliſabeth, figures entieres, tableau qu'on dit être d'*André del Sarte*. Il eſt bien dans ſa maniere, & très-bien deſſiné : cependant il eſt gris & moins vif de couleur que les tableaux de ce maître, qu'on voit a Florence.

La Vierge, Saint Jean & Sainte Magdeleine, tableau dans la maniere Vénitienne, & qui eſt aſſez bon : on le dit du *Palma*, mais il ne paroît point dans ſa maniere.

Dans l'oratoire, une tête de Vierge, qui, pour la beauté du caractere, paroît de *Carlo Maratti.* La couleur en eſt un peu rouge.

Une autre Vierge avec l'Enfant Jéſus : l'Enfant Jéſus eſt beau. Ce tableau eſt noblement deſſiné.

PALAIS DEL DUCA DI S. PIERO. Un petit Baptême de Saint Jean, de *P. Veroneſe*, qui eſt fort bon.

Un Saint Sébaſtien mort, de *M. A. da Caravagio*, qui eſt beau & fin, mais noirci.

La Femme adultere, du même, demi-figure de grandeur naturelle. Il y a de belles têtes de vieillard ; celle de la femme eſt commune. Ce tableau eſt beau, mais noir.

Un tableau de *Greghetto.*

Un autre petit tableau de *Baſſano.*

Deux Portraits en pied, qui paroiſſent de *Vandick*, & qui ſont d'une grande vérité.

Vulcain ſurprenant Vénus. Il y a du caractere dans le deſſein : du reſte ce morceau eſt foible.

Un Chriſt portant ſa croix, ébauche. La tête eſt finie, belle & dans le goût du *Tiziano.*

CASA FERRARI. Un grand tableau d'animaux, de *Greghetto*, excellent.

Quelques autres du même.

Une Nôce de village , **de** *Teniers.* Il eſt beau , quoique noirci en quelques parties.

Quelques Batailles , de *Corneille.*

Un tableau de *Piola,* dont le ſujet eſt , la guerre trouble les arts. La maniere eſt large , mais il n'y a point de fineſſe.

Casa Senturioni. Une Transfiguration , de *Luca Giordano.* Ce morceau eſt foible & peu fait: il pourroit bien être de quelque peintre qui l'auroit imité.

Un Scévola ſe brûlant la main , de grandeur naturelle , par le *Guercino.* Ce morceau eſt bien frais & bien conſervé ; il eſt dans ſon ton clair & rougeâtre , & très-fini. Il y a de très-belles têtes ; les vérités de nature y ſont rendues avec les plus beaux détails ; la compoſition en eſt très-froide ; les figures n'ont point d'action , ni les têtes d'ex- preſſion.

Un tableau , figures de grandeur naturelle. Il eſt éclairé d'un flambeau , & repréſente un homme ſur un lit , avec des ſoldats qui paroiſſent vouloir le tuer. Ce morceau eſt aſſez beau d'effet & de deſſein: mais il eſt très-ſec , d'une couleur fauſſe & trop rouge jaunâtre.

Palais del S. Giacomo Balbi , in Strada Balbi (1).

____

(1) Ayant perdu les notes qu'on avoit faites ſur les ta-

Un grand tableau, où eſt un portrait, de *Van-dick.*

Le *Songe* de Joſeph, du *Capucino.*

Un grand tableau de l'Adoration des Mages, du *Tiziano.*

Autre repréſentant un Marché, de *Giacomo Baſſano.*

Andromede attachée au rocher, du *Guercino da Cento.*

Deux tableaux pendants, dont l'un repréſente la Foi donnée au Berger, par *Thamar ;* & l'autre, Suſanne tentée par les Vieillards : tous deux de *Lucio Maſſari.*

Une Bacchanale, du *Sarzana.*

La Friſe de cette ſalle, ornée de figures, eſt du même auteur.

La Vierge tenant l'Enfant Jéſus entre ſes bras, Sainte Catherine & deux Religieux, du *Tiziano.*

La Priere de Jéſus-Chriſt au jardin des olives, de *Michel-Angelo Buonarotti.*

La Naiſſance de Jéſus-Chriſt, de *Luca,* d'Hollande.

bleaux les plus remarquables de ce cabinet, on en donnera ici le catalogue entier, traduit de l'Italien ſur l'imprimé, que Monſieur le Marquis *Balbi* en a fait faire pour la commodité des voyageurs. On n'y ajoutera aucune réflexion, & on n'en retranchera aucun tableau, n'étant plus à portée de juger de leur mérite.

La Vierge, l'Enfant Jéſus & Saint Joſeph, du même.

Le Portrait d'une Dame, par *Vandick*.

S. François d'Aſſiſe, grand tableau d'*Annibal Caracci*.

Autre tableau repréſentant Saint Jérôme & un Ange qui lui parle, d'*Auguſtin Caracci*.

Un petit tableau d'une Danaé, de *Páris Bordone*.

Trois autres petits tableaux, du *Schiavone*.

Un grand tableau d'une Vénus avec deux Amours, d'*Annibal Caracci*.

Un deſſus de porte, & deux petits tableaux ovales, de *Giulio Ceſare Procaccino*.

Un petit tableau repréſentant un Marché, de *Giacomo Baſſano*.

Le mauvais Riche, du même.

Une tête de jeune fille, d'*Annibal Caracci*.

Un deſſus de porte, du *Tiziano*, qui repréſente la Flagellation de Jéſus-Chriſt.

Un grand tableau repréſentant la Converſion de Saint Paul, de *M. A. da Caravagio*.

Saint Joſeph avec l'Enfant Jéſus, du *Capucino*.

Un *Ecce Homo*, de *Vandick*.

La Vierge, l'Enfant Jéſus & Saint Joſeph, du *Tintoretto*.

Une Vierge avec l'Enfant Jéſus, de *Vandick*.

Il est entouré d'une bordure de fleurs de *Gio. Rosa.*

Saint Jean-Baptiste dans le désert, grand tableau de *Guido Reni.*

Sainte Marie-Magdeleine, d'*Augustin Caracci.*

Un petit tableau ovale, du *Cav. del Cairo.*

La Vierge & l'Enfant Jésus, de *Vandick.*

Saint Jérôme & l'Ange, de *Guido Reni.*

Une Vierge, martyre, d'*Augustin Caracci.*

Un petit ovale, où l'on voit la Vierge & l'Enfant Jésus, de *Camillo Procaccino.*

Sainte Catherine, d'*Annibal Caracci.*

Dessus de porte, Saint Jérôme au désert, du *Tiziano.*

Autre dessus de porte, de *Francefchini.*

Cinq autres tableaux d'un auteur ancien.

La Vierge, l'Enfant Jésus avec plusieurs Saints & Saintes, & des Anges, grand tableau de *Rubens.*

Deux tableaux représentant des Marchés, de *Greghetto* ou *Benedetto di Castiglione.*

Un Portrait en pied, de *Vandick.*

Deux Portraits, tableaux Flamands.

Un petit tableau ovale, du *Palma.*

Saint Jérôme lisant, grand tableau de *Guido Reni.*

Un petit Portrait, du *Tintoretto.*

La Vierge, l'Enfant Jésus & Saint Joseph, de *Perin del Vago.*

Saint Jérôme dans le désert, du *Tiziano.*

La Samaritaine, du *Guercino da Cento.*

Autre du même auteur.

Le Portrait de la femme & de l'enfant de *Vandick*, peint par lui-même.

Saint François d'Assise, d'*Annibal Caracci.*

Un petit tableau de la Naissance de Jésus-Christ, de *Greghetto*, dit *il Castiglione.*

Portrait d'un guerrier, de *Vandick.*

La Vierge, l'Enfant Jésus & Sainte Catherine, du *Correggio.*

Un petit tableau représentant la Vierge avec l'Enfant Jésus, de *Vandick.*

Un tableau ovale, du *Tintoretto.*

Une Cléopâtre, de *Guido Reni.*

Le Portrait de *Vandick*, peint par lui-même.

Un Page, peint par le même.

La Cene, du fils de *P. Veronese.*

L'Enfant Jésus & Saint Jean-Baptiste, de *Rubens.*

Le Portrait d'un Doge de Venise, de *P. Veronese.*

Une Lucrece, de *Guido Reni.*

Un Philosophe, du *Tiziano.*

Un tableau, du *Tintoretto.*

La Tentation de Saint Antoine, de *Brughels*.

La Naissance de Jésus-Christ, de *Sinibaldo Scorza*.

Un dessus de porte ovale, d'*Ulbens*.

Autre représentant un Nain, *del Schiavo di Tiziano*.

Un Mathématicien avec une mappemonde, *dello Spagnoletto*.

La Magdeleine transportée au ciel par les Anges, de *Guido Reni*.

Le Mariage de Sainte Catherine avec Jésus-Chrift, *del Parmeggianino*.

Un Philosophe, *dello Spagnoletto*.

La Vierge, l'Enfant Jésus, Saint Joseph & quelques autres figures, de *Benvenuto Garofalo*.

Saint George, *del Coreggio*.

TOULON.

La Porte de l'hôtel de ville est du *Puget*; elle est ornée de figures qui sont terminées en queue de poisson, d'une maniere très-ingénieuse pour former une sorte de console : d'ailleurs elles sont travaillées avec un grand goût & bien de chair.

Dans une maison particuliere est un plafond qui représente les trois Parques, du même *Puget*. Il y a du grand dans la maniere : mais il paroît repeint en plusieurs endroits.

Aux Jacobins. Il y a un tableau de l'Annonciation, par le *Puget*. Ce morceau est peint facilement, & dans le goût de *Pietro da Cortona* : cependant, en général, il est foible. Le haut de la Vierge est très-bien, & d'une couleur agréable; le ton général est gris, & il y a un mauvais enfant.

MARSEILLE.

Le Cartel, fur la porte de l'hôtel de ville, eft du *Puget* ; il eft décoré d'enfans finiffant en ornement : ils font travaillés largement & de chair. Le Cartel eft beau, fimple & grand, à l'Italienne.

A LA SANTÉ. Un bas-relief du *Puget*, repréfentant une Pefte. Il eft traité avec goût, mais incorrect & mal deffiné : il paroît être un ouvrage de fa vieilleffe.

A LA MAJORE. Un tableau repréfentant le Sauveur, peint par le même.

Chez M. le Bourlac, on voit un David, du même, dans le goût de celui du *Guide.* Il eft d'un bon ton de couleur, quoiqu'un peu gris. Les têtes ne font pas bien belles ; le pinceau eft hardi, facile & large ; le deffein incorrect, mais grand : c'eft en général un affez beau morceau.

On voit auffi à Marfeille plufieurs Palais bâtis par ce même artifte, où il y a du bon : mais en général c'eft dans l'architecture qu'il eft le plus foible ; il n'eft vraiment grand que dans la fculpture : auffi, à la vérité, fes beaux ouvrages en ce genre font l'objet de la plus grande admiration.

On voit à Aix, chez un particulier, un excellent tableau repréſentant les trois Parques, à peu-près dans l'idée du même ſujet traité par *Jules Romain.* On peut l'attribuer au *Pouſſin.*

Avant que d'arriver à Nîmes, *on paſſe au* Pont du Gard, *qui eſt un édifice antique, compoſé de deux ponts l'un ſur l'autre, & au deſſus un aqueduc.*

N I M E S.

L'Amphithéâtre antique, ou Arenes. Il eſt rempli de maiſons. Le premier ordre eſt décoré de pilaſtres en bas-relief, & d'arcades. Le ſecond ordre eſt décoré de colonnes ſur piédeſtal, peu engagées. L'intérieur des arcs, & les ſaillies extérieures, ſont de travers, & tendant au centre de tout l'édifice qui eſt ovale ; de ſorte que d'un côté l'angle eſt obtus, & de l'autre il eſt aigu. Tous les profils, ou la plus grande partie, ne ſont qu'ébauchés, & d'un goût exceſſivement lourd. Dans les galeries tournantes, les architraves, de travers parce qu'elles tendent au centre, ſont portées par des eſpeces de conſoles. Entre-de ., un ceintre auſſi porté ſur une conſole très-large. Les arcades extérieures font baffes & larges, de maniere que leur impofte fe trouve à peu-près au milieu de l'ordre avec piédeftal. Au deflus regne un attique. Toutes les architraves font d'une feule pierre, & toutes rompues. Tout cet édifice eft bâti de pierres dures, très-grandes.

La Maifon quarrée, petit temple antique, quarré long. Le plan en eft tout fimple, à la maniere des antiques. Il y a huit colonnes de face au portique, qui ont trois pieds de diametre. Le même ordre Corinthien, engagé dans le mur, regne autour du bâtiment. C'eft un des plus beaux reftes d'antiquité, & de la plus belle exécution. Les profils font très-beaux, enrichis d'ornemens bien diftribués, & qui y laiffent des repos; ce qui ne fe trouve pas toujours dans les édifices antiques. Le larmier eft orné; la doucine eft très-grande; on remarque comme une fingularité dans cet entablement que les modillons font tournés au rebours de l'ufage. Ils ne font point à plomb fur les colonnes, mais rarement les Antiques s'y font affujettis: cette loi a été établie par les Modernes. La frife eft décorée richement; le chapiteau très-bien travaillé: les volutes cependnt font trop faillantes; ce qui rend l'abaque pointue. Les profils du bas de l'ordre font fans grace. Cet édifice eft bâti de pierre, & établi fur un ftilobate général, qui fait rampe à l'escalier du portique. L'en-tre-colonnement est de deux diametres & demi, du milieu d'une colonne a l'autre. La porte est belle, & le chambranle d'un très-beau profil, aussi bien que le couronnement. Il y a sous le portique deux pierres trouées, soutenues par une autre pierre en console: on ne sçait à quoi cela étoit destiné.

L'Eglise moderne du dedans est pitoyable.

On voit encore à Nîmes des restes d'un autre Temple antique, qui sont fort beaux.

Une Fontaine antique, qu'on a restaurée à neuf. C'est un quarré environné d'une petite galerie souterreine, ornée d'un très-petit ordre : ce n'est pas quelque chose de fort beau.

C'est ainsi que s'est terminé ce Voyage entre-pris par une curiosité studieuse. On ne peut trop inspirer aux Artistes le desir de voir l'Italie, pays fertile en merveilles de ce genre, & de s'y ins-truire par une étude très-sérieuse. Il est également satisfaisant pour tout Amateur ; c'est là qu'il peut puiser dans leur source la connoissance des vraies beautés de l'art.

Fin du troisieme & dernier volume.